從衛星看地球

從衛星看地球

Cassell Illustrated編輯部◎策畫主編

NPA集團◎圖片編輯

白雅惠◎翻譯

貓頭鷹

從衛星看地球

Original title: Above the World
Copyright © 2004 Cassell Illustrated, a division of the Octopus
Publishing Group Ltd.
Text and design copyright © 2004 Cassell Illustrated
Complex Chinese Text Copyright © 2007 Owl Publishing House, a
division of Cité Publishing Ltd.
All rights reserved.

策畫主編　Cassell Illustrated編輯部
圖片編輯　NPA集團
翻譯　白雅惠
出版　貓頭鷹出版
發行人　涂玉雲
發行　英屬蓋曼群島商家庭傳媒股份有限公司城邦分公司
　　　104台北市中山區民生東路二段141號2樓
劃撥帳號　19863813　書虫股份有限公司
購書服務信箱　http://service@readingclub.com.tw
購書服務專線　02-25007718，25007719
服務時間　週一至週五上午09:30-12:00，下午01:30-05:00
24小時傳真服務　02-25001990，25001991
香港發行所　城邦（香港）出版集團
　　　　　　電話　852-25086231／傳真　852-25789337
馬新發行所　城邦（馬新）出版集團
　　　　　　電話　603-90563833／傳真　603-90562833
印製　成陽彩色製版印刷股份有限公司
初版　2007年3月
定價　新台幣1250元
ISBN　978-986-7001-43-6
有著作權‧侵害必究

執行主編　黃淑雲
特約執行編輯　莊雪珠
美術編輯　謝宜欣
封面設計　吳佳蓉
行銷企畫　汪光慧
社長　陳穎青
總編輯　謝宜英

貓頭鷹知識網　http://www.owls.tw
讀者服務信箱　owl_service@cite.com.tw
大量團購請洽專線　02-23560933轉264
歡迎投稿！請寄：台北市信義路二段213號11樓　貓頭鷹編輯部收

國家圖書館出版品預行編目資料

從衛星看地球／Cassell Illustrated編輯部編著；
　NPA集團圖片選輯；白雅惠譯. -- 初版. -- 臺北市：
　貓頭鷹出版：家庭傳媒城邦分公司發行, 2007 [民96]
　　面；　公分.
　含索引
　譯自：Above the world
　ISBN 978-986-7001-43-6（精裝）

　1. 地球科學

350　　　　　　　　　　　　　　　　　96000718

致謝

A selection of satellite images compiled by NPA Group, Edenbridge,
Kent, UK

www.npagroup.com　Tel: +44 1732 865023

All images other than those listed below are © NPA Group

pages 10-11, 52-53, 86-87, 126-127, 166-167, 200-201, 246-247,
　284-285 © NPA Group (terrain enhanced of imagery from NASA
　Goddard Space Flight Centre)

12-13, 54-55, 88-89, 128-129, 168-169, 202-203, 248-249 © NASA
　Goddard Space Flight Centre

pages 14, 84-85 Images courtesy Jeff Schmaltz, MODIS Land Rapid
　Response Team at NASA GSFC/ pages 17, 24, 42, 191, 206
　Images courtesy Jacques Descloitres, MODIS Land Rapid
　Response Team at NASA GSFC

pages 12, 23,38-39, 68, 96, 106, 151, 151, 158-159, 183, 189,
　197, 198-199, 220-221, 233, 237, 243, 252, 263 Satellite image
　courtesy of Space Imaging/pages 29, 37 Satellite image cour-
　tesy of European Space Imaging/pages 60-61, 91, Satellite
　image courtesy of Space Imaging Middle East

page 36 Image courtesy NASA/GSFC/MITI/ERSDAC/JAROS, and the
　U.S/Japan ASTER Science Team

pages 77, 81, 109, 125, 148, 161, 162, 215, 270 Image provided
　by the USGS EROS Data Center Satellite Branch

pages 57, 70, 117, 145, 155, 231, 241 ©DigitalGlobe distributed by
　Eurimage

page 100-101 Image provided by Jeffrey Kargel, USGS/NASA
　JPL/AGU

page 118©國家太空中心與台師大福衛二號影像加值處理分送中心

page 123 Image by Jesse Allen, NASA Earth Observatory, based on
　expedited ASTER data provided by the NASA/GSFC/MITI/ERS-
　DAC/JAROS, and U.S./Japan ASTER Science Team

pages 204-205 Based upon images and data courtesy MODIS Snow
　and Ice Science Team

page 211 Data made available by NASA/GSFC/MITI/ERSDAC/JAROS,
　and U.S./Japan ASTER Science Team

page 242 Courtesy of the NOAA Coastal Services Centre Hawaii Land
　Cover Analyst project

page 278 Image courtesy NASA/GSFC/MITI/ERSDAC/JAROS, and
　U.S./Japan ASTER Science Team

目次

我們只有一個地球

五十年前，蘇聯發射了第一顆人造衛星史普尼克號，在250公里的高空繞行地球23天，同時也把我們的想像自地面帶進了無限的宇宙。三年後，美國太空總署衛星計畫TIROS（Television Infrared Observation Satellite）的第一顆氣象衛星泰洛斯一號（TIROS-1），自太空拍攝到第一張地球的影像，從此開始為人類開啓了另一個全新的視界。透過衛星，讓我們能從另一個角度來了解地球。

2005年，國家太空中心發射了第一顆台灣的遙測衛星「福爾摩沙二號」，透過衛星遙測技術，終於讓我們可以完整記錄台灣的美貌。在我們過去的記憶裡，台灣一直都是書本上用線條勾勒出來的輪廓；但是現在，我們除了可以很清楚的看到島上山肩的皺褶、河川的經絡，甚至如果你願意多花一點點時間觀察的話，還可以發現台灣就好比其他生物一般，是活著的。它隨著季節產生不同顏色、河川會收縮、外型會變化，甚至，它也會像我們一樣，有病痛也會受傷。這些以前我們難以想像的事情，現在藉由福衛二號的視野，讓我們有更新一層的體認，得以重新領悟過去因為我們的無知及自私所造成的傷害，也讓我們真心在未來對這塊土地多加珍惜。

在《從衛星看地球》一書中，我們看到五十年來透過各式各樣的遙測衛星升空運轉，蒐集大量的地球遙測影像，讓人類能更進一步了解這孕育各類物種的藍色星球全貌，這些衛星影像進而提醒我們，因為人類的貪婪及自私所帶來的危害有多嚴重。很早以前，各國科學家就已經警覺到全球暖化現象逐漸加溫，人類如果再不自制，將會遭受空前的浩劫。1997年12月11日，149個國家代表經過辛苦的談判後，在日本京都通過了「京都協議書」，目的在限制發達國家溫室氣體排放量，以抑制全球範圍內氣候持續暖化；至2006年為止，總計有169個國家簽署協議，但美國卻聲稱該協議內容會妨礙美國國內經濟發展，而在2001年退出協議。這只不過是再次印證了人類的自私行為罷了。

八年前，我邦交國吉里巴斯國境內的一個無人小島已經無聲無息沒入海中；去年，印度恆河三角洲南部的羅哈恰拉島（Lohachara）也從衛星照片上消失；2005年，加拿大RADARSAT-1衛星發現在其北方的艾士米爾島（Ellesmere）上，經過四千五百年歷史所堆積出來的冰山，因為全球暖化而分裂出一個約有11,000個足球場大小的「冰之小島」；台灣的福衛二號，也在去年拍攝到北極圈的冰原裂縫變化的影像。這種種的證據，已經明白告訴人類正在慢性謀殺這個美麗星球！衛星影像除了忠實記錄地球的環境變化，也給現在人類帶來警惕。

自有文明開始，人類就不斷在為解決問題尋求解答，當了解越多，我們就越覺得自己的渺小。以前一國之君可能會認為自己就是世界的中心，而現在我們知道，即便是地球所在的太陽系，也不過是整個銀河系名不見經傳的小星系。而我們何其有幸，能夠生活在這個美麗的星球上，享受身旁的一切。我們自詡是萬物之靈，殊不知人只是物種演化的結果，而這個結果是好是壞我們還不知答案。

仔細品味《從衛星看地球》的每一幅珍貴照片，光是那些瑰麗的色彩及壯闊的影像就已經讓人感動萬分，更不用說照片背後還賦予著人類文明及科技進步的另一層意義。我們只有一個台灣，也只有一個地球，希望讀者在欣賞這本書的同時，也能對保護地球有更深切的體認。

吳作樂

國家太空中心主任

用全新眼光看地球

《從衛星看地球》是一本衛星影像選輯，收錄了兩百多張瑰麗、令人嘆爲觀止的珍貴照片，從太空俯瞰我們所居住的地球。本書編排以洲別來分組介紹，每一洲都先從簡單扼要的概論開始，接著再針對個別國家進行圖文並茂的生動說明，並聚焦於著名的地標，例如印度的泰姬瑪哈陵或英國的白金漢宮等。本書不單單只是一本全球地圖集，更貼切的定位應該是「藝術品」，我想像不出有任何東西會比這些從太空拍攝到的奇妙地形和曲折圖案，更能吸引活潑好動的孩子。

每幅珍貴的彩色影像，都有引人入勝的資料說明。有些資訊可能會讓你心驚膽顫，但讀來都相當耐人尋味，不僅提供豐富的知識，更發人深省。只要瞧一眼從祕魯庫斯科到馬丘比丘古城那條曲折盤旋的登山路線，對自己體能沒信心的人恐怕就會腳軟，從空中俯瞰更能看出這確實是個古代堡壘。從衛星看亞洲，地表上看似植被遍布，實際上卻人口稠密，單是中國就有十幾億人口，印度也有近十億人。越南的湄公河三角洲呈扇形散開，大量沉積物堆出豐饒肥沃的平原，這個照顧著上百萬人的大穀倉裡縱橫交錯著無數的人工河渠，閃耀著亮橘色光芒。印度洋中的馬爾地夫群島彷彿清澈透明的藍色串珠，兩百座小島中沒有一個高出海平面兩公尺以上，總人口數也只有八萬多人。

看過澳洲內陸遼闊的險惡沙漠之後，你會豎起大拇指眞心佩服那些前仆後繼的拓荒勇士。因爲，這片綿延數千公里的無人荒地上沒有任何主要河系存在。有張衛星照片拍的是乾旱沙漠正中央的一座湖，早期又渴又累的探險家好不容易抵達時，卻發現湖水鹽分太高，根本不能飲用，所以稱之爲「失望之湖」。北部沙漠中有兩處隕石撞擊的遺跡，即使經過四千萬年仍清晰可見，其中一處直徑達19公里。隕石以高速衝撞澳洲大陸，威力是廣島原子彈爆炸的百萬倍。

衛星影像技術的神奇之處就是可以選擇特定岩種與結構，強化色彩來凸顯地貌，像巴基斯坦俾路支般礦藏豐富的地區所呈現出來的影像，往往會令人目眩神迷，彷彿「現代藝術」巨作。至於棋盤狀的圖案也清楚揭露了石油公司許久以前探勘時所進行的震波勘測，如何侵擾了古老的地質結構。橫跨智利、阿根廷和玻利維亞三國邊界的高海拔火山凍原被冰湖切割撕裂，數百萬年前的火星地貌想必與此相去不遠。

在特寫鏡頭下，影像細節更精緻有趣，就像義大利畫家卡那雷托的信徒執著於畫作的細微處一樣。義大利維蘇威火山的開口火山錐，就以立體效果躍然於拿坡里平原上，令人過目難忘。地質學家預測規模至少相當於摧毀龐貝城的火山爆發仍會發生，但火山口附近及延伸到拿坡里灣的範圍，仍居住著兩百多萬人。

衛星影像也清楚顯示，相距甚遠的喜馬拉雅山和智利巴塔哥尼亞高原的冰河都因全球暖化，正以拉警報的速度急遽消失中；而巴西嚴重的雨林濫墾問題，比對分別攝於1984年和2001年的同一雨林照片，就會發現雨林範圍明顯縮小，原因是每年都有15,000平方公里左右的林地成爲人類刀耕火種的犧牲者。

多數的大陸塊上都建有大型水壩，對環境的戕害也相當嚴重，尤以巴西和中國爲最。以印度河來說，不斷築壩的結果，使得這條巴基斯坦重要的農業用水源流量明顯枯竭，導致海水嚴重侵蝕陸地，三角洲裡曾有的大片紅樹林沼澤地，如今已摧毀殆半，連帶也減少了魚群的數量與種類。透過彩色衛星影像的詮釋，人類對地球環境的破壞更引人注意及警覺。

香港算是少數能鼓舞人心的正面教材，在太空鏡頭下閃著漂亮的橘色光芒，顯示這是個擁有豐富植被的地區。由於75%的土地都是受嚴格管制的保留區，即使香港人口密度名列前茅，仍是亞洲環境破壞度最低的城市之一。

費恩斯爵士

費恩斯爵士（Sir Ranulph Fiennes）　1984年，金氏世界紀錄稱譽費恩斯爵士爲「世上現存最偉大的探險家」，輝煌事蹟簡述如下：1979-1982年環球之旅，是以陸路方式抵達南北極的第一人；1986年遠征北極，創下無支援旅行最北端的紀錄；參與1990-1991年英蘇北極長征隊；出任阿拉伯古城吾巴爾探險隊的共同領隊，於1991年發掘出這座被形容爲「消失在沙海下的亞特蘭提斯」古城；1992-1993年帶領朋特蘭南極遠征隊，首度完成無支援橫越南極大陸。1997年，費恩斯爵士獲頒英國皇家航海學會榮譽會員，2000年又獲美國探險家俱樂部英國分會頒發「極地探險千禧年獎章」殊榮，是當代的傳奇性人物。

衛星影像

1957年10月，前蘇聯的第一枚人造衛星史普尼克一號順利升空，人類對世界的認知從此改觀。到了1960年代，地軌太空飛行已成為例行任務，美蘇兩國的太空人拍攝了成千上萬張的地球影像。1961年4月，美國發射泰洛斯衛星一號，配備電視攝影機以便監測氣象型態，此後便有越來越多的衛星升空，以影像鉅細靡遺的記錄地球的變化。

在令人眼花撩亂的太空競賽年代，當人類越來越相信在月球設立常駐工作站及火星之旅都是指日可待的事情時，登月小艇阿波羅八號的機員於1968年12月從月球上捕捉到地球自天際升起的歷史性畫面，這是人類第一次突破國界藩籬，視本身為密不可分的整體，同時也徹底改變了我們看待這顆脆弱星球的角度，更開創出不同以往的嶄新視野。然而，不論這些照片有多麼令人難忘，它們畢竟只是照片；或許它們是由地球上（或地球外）最昂貴的鏡頭拍攝而成，但記錄到的仍僅限於肉眼所見的地表景觀。

1972年7月美國發射大地衛星一號，雖未大肆宣傳，卻對未來影響深遠。在傳統影像傳輸部分，大地衛星一號配備了三部電視攝影機，可惜升空不久旋即故障；同時搭載的多光譜掃描器（MSS），不但能記錄人類肉眼可見的光譜，更能偵測到波長較長的能量，也就是看不到的電磁輻射。這項技術立刻引起廣泛的衝擊效應，從火山學、土地管理學、地理學以至於人口統計學等諸多學科，無不受其影響：這意味著人類監測與描繪世界的方式，自此無遠弗屆。

無論是自然或人造的，所有物體或多或少都有電磁輻射反應，因此在多光譜掃描器記錄的瞬間，我們也開創出觀看世界的嶄新視野。從大地衛星一號開始傳輸資料的那一刻起，傳回的影像便與過往截然不同，讓人大開眼界。例如，清水反射的電磁輻射量通常很少，因此影像裡有許多部分呈現黑色；相反的，淺水或富含沉積物的水域會反映出較多能量，所以看起來比較明亮。裸地和建築物會反射大量光線，因此色調也

偏亮。植被顯像看起來特別搶眼，吸收掉絕大多數的可見光又反射出大量近紅外線光，因此看起來是紅色的，而且越茂盛顏色越鮮紅透亮。至於裸露的土壤或稀疏的植被則取決於含水量，從沙地的白色到綠色、褐色都有。

多光譜掃描器不但在辨識這些「無法遮掩的電磁跡訊」上效率高人一等，更因資料數位化而得以巧妙變通應用，幾乎無所不能。例如，透過「對比延伸」來強化色彩，或淡化局部以凸顯特定地貌等。

多光譜掃描技術從此日益精進，後來在大地衛星系列和其他觀測地球的人造衛星上，感應器能偵測到的光譜波段範圍逐漸擴大。大地衛星一號可以記錄四個波段，包括三個可見光波段和一個不可見光波段，到了1999年發射的大地衛星七號已可記錄七個波段，現在「超光譜」衛星更有多達數百個波段，可精確追蹤光譜跡訊。資料傳輸品質也不斷提升，大地衛星一號在一張影像中可偵測為單一色點或畫素的最小物體直徑為79公尺，到2002年發射的捷鳥衛星已可標示出直徑60公分以下的物體。本書裡有多張特寫影像（如北京的紫禁城、埃及的金字塔等）雖然是遠從高空數百公里處拍攝，看起來卻像是從幾千公尺高的飛機上拍的，原因就在於此。本書絕大多數的影像都由大地衛星所攝，其於地球上空705公里處以每小時27,000公里的速度繞行，每秒可擷取1,600萬筆測量值，並能在27秒內勘查33,670平方公里的範圍。

由於大地衛星和其他觀測地球的人造衛星都在兩極軌道（南北極之間）往返，與太陽軌跡同步，因此每天經過各觀測點的當地時間大致相同，約在早上九點到十一點之間，在這個時段內不但亮度相近，大氣霾霧也最少，使影像更加清晰。

美國太空總署前署長佛萊契曾讚譽衛星影像是「一種新的觀看方式」，這麼看來，他還真是太輕描淡寫了。

歐洲

歐洲是全世界面積第二小的大陸，只贏過澳洲／大洋洲，總面積1,040萬平方公里，占全球陸地面積的五分之一。歐洲也是全世界人口第二稠密的地區，擁有近7億2千萬人口，占全球七分之一，全區44個國家共使用約60種語言。全世界最小的國家中就有五個在這裡：梵蒂岡、摩納哥、聖馬力諾、列支敦斯登和馬爾他；全世界都市化程度第二和第五高的國家也在這裡，分別是97%的比利時和89%的荷蘭。不過，巴黎這個全歐洲最大的城市，以人口數來看根本擠不進世界前三十名。至於以國民生產毛額來衡量，全世界最富有的十個國家中就有五個在歐洲，即英國、德國、法國、義大利和西班牙。

雖然歐洲自古以來就被公認為地理實體，但要畫定邊界卻相當困難。西歐從斯堪地那維亞半島到地中海，地理組成結構大致清晰明確；然而，東歐卻與亞洲緊密接合，使得邊界始終依畫定者的主觀和命令而變動不定，現在習慣上都以俄羅斯聯邦內陸的烏拉山為界。

歐洲的地形大致可分為三部分：北邊是從蘇格蘭延伸到斯堪地那維亞半島西部的多山地帶；南邊為北歐平原，是一片廣闊的低地，英國全境和法國北部幾乎都涵蓋在內，並向東越過荷蘭、比利時、盧森堡、丹麥、德國北部、波蘭和波羅的海諸國後伸入俄羅斯；再往南邊，除了西班牙西北部的厄波羅河谷、義大利北部的波河和匈牙利大平原外，幾乎都是崇山峻嶺，庇里牛斯山、阿爾卑斯山和喀爾巴阡山不只是分隔南北歐的地標，也是遠方喜馬拉雅山脈向西延伸的盡頭。

西歐有大西洋暖流加持，氣候大致溫和；東歐氣候變化較大，冬嚴寒夏酷熱。不過最主要的氣候差異，還是介於地中海（溫暖）和北歐（涼爽）兩種型態之間。

歐洲不規則的海岸線綿延了38,000公里，除此之外重要的地理特徵不多：歐洲最長的河流（窩瓦河，3,685公里）、最大的湖泊（拉多加湖，17,680平方公里）和最高的山（艾布魯斯峰，5,642公尺）都在俄羅斯聯邦境內，不過規模和世界其他地方比起來，可說是小巫見大巫。

冰島

冰島是歐洲最西端的陸塊，總面積103,000平方公里，為歐洲地區僅
次於大不列顛的第二大島。雖然它的名稱給人冷冽的印象，又位於極
北，但拜北大西洋灣流之賜，氣候還是相當溫和。儘管如此，島上多
半仍是杳無人煙的極地荒原，還有火山、溫泉、冰河、瀑布等多種地
形。冰島是歐洲人口密度最低的國家，平均每平方公里只有三個人。

14

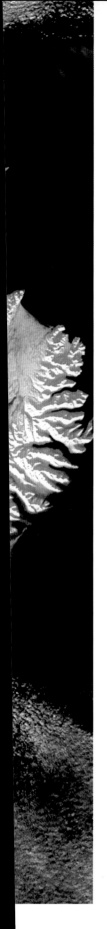

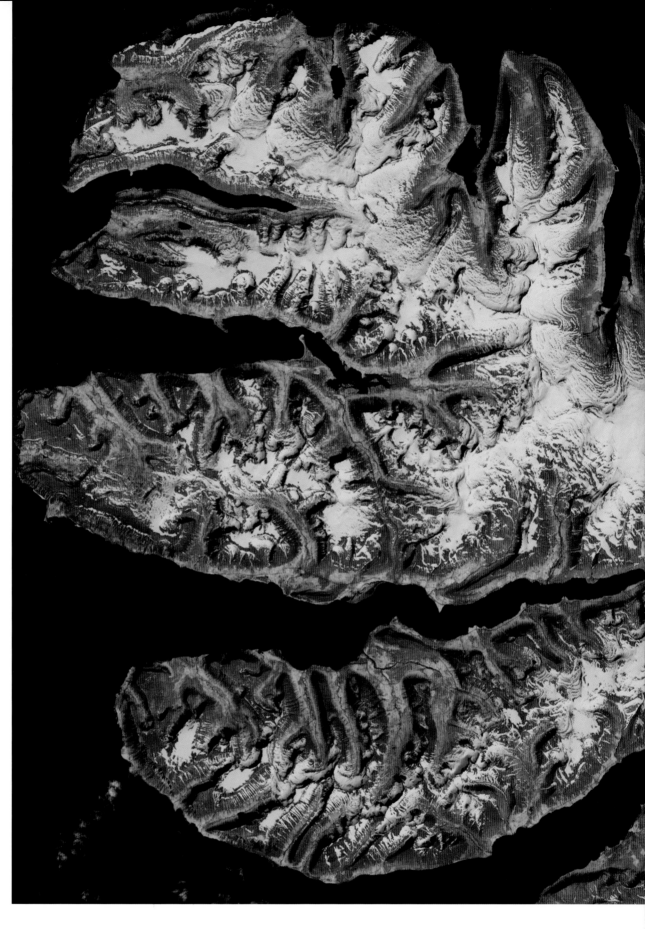

冰島：西峽灣

位於冰島西北部的西峽灣是一連串侵蝕嚴重的冰河半島，僅以一段狹長陸地與本島相連。這張細部影像涵蓋範圍南北長約50公里，雖然面積不到全島的八分之一，但深蝕的鋸齒狀邊緣卻占冰島海岸線總長的一半以上。

15

冰島：瓦特納冰河

16 在遍布冰島的許多冰河中，最大一條是位於東南部的瓦特納冰河，總面積8,400平方公里，約莫等於全歐洲大陸所有冰河的總面積，部分冰層厚度甚至超過0.8公里。這張特寫涵蓋範圍南北長約32公里，僅是瓦特納冰河的一小部分。不過，冰島的冰河受到全球暖化的影響，正急遽萎縮中。

0

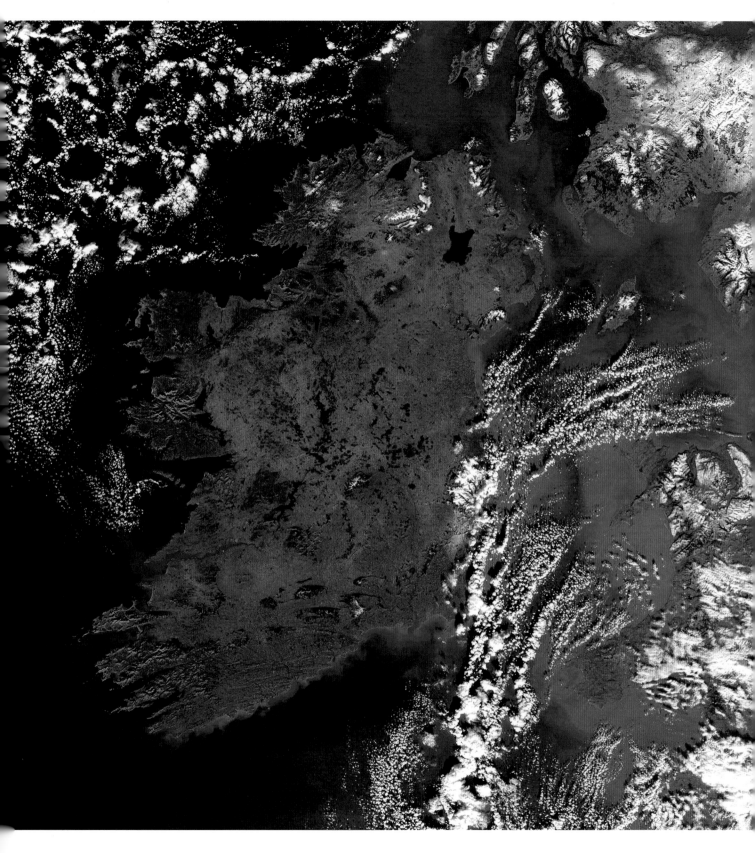

愛爾蘭

愛爾蘭不是個多山國家，但丘陵遍布，最高點是西南部麥吉利卡迪山脈的卡納圖厄爾峰，只有1,041公尺。位於中央的石灰石平原占愛爾蘭大半，布滿了沼澤和湖泊；西海岸在大西洋的拍打沖激下顯得碎裂崎嶇，東海岸的風化程度就沒那麼嚴重。不尋常的是，愛爾蘭現有總人口390萬人，遠比十九世紀少，出走的一波波移民潮正是原因。

蘇格蘭：尼斯湖與北格蘭片山脈

18　圖中的黑色塊是尼斯湖，從東北斜向西南，面積約62平方公里。蘇格蘭境內從西南方威廉堡延伸到東北方印威內斯（蘇格蘭第四大城）大峽谷一帶，面積最大也最偏北的地形構成元素，就是這座湖泊。右下角鮮明的紫色區塊是肯格姆山脈，英國第二高峰馬杜峰即坐落於此，海拔1,309公尺。

英格蘭：湖區與本寧山北部

湖區位於上圖中央偏左一帶，大都由耐磨蝕的火成岩構成，在距今 10,000到25,000年前的最後一個冰河期鑿刻出尖聳的山峰和陡峭的山谷；英國最大的山脈和多數湖泊均坐落於此。東邊的本寧山雖然從密德蘭區北部開始一路攀升為英格蘭脊梁，但由於日積月累的磨蝕，地勢大致較為平緩。

英格蘭：大倫敦地區

上圖以深淺不一的紫色來呈現英國第一大城倫敦，大倫敦地區涵蓋面積爲1,579平方公里，總人口760萬人，是歐洲第三大的城市。圖中將大倫敦地區一分爲二的深紫色曲線是泰晤士河。左方隱約可見到全世界最繁忙的希斯洛國際機場，每年進出旅客人數高達6,000萬人。

英格蘭：倫敦市中心

上圖以氣勢雄偉的白金漢宮爲主題，就坐落在一大片相串連的公園綠地的心臟地帶：東邊正對著聖詹姆斯公園，北邊是綠園，西北邊則是海德公園。至於白金漢宮本身寬廣的花園，也是這片廣大綠地的一部分。圖中最頂端的綠色建構是個圓頂，一度是大英博物館的閱覽室。

21

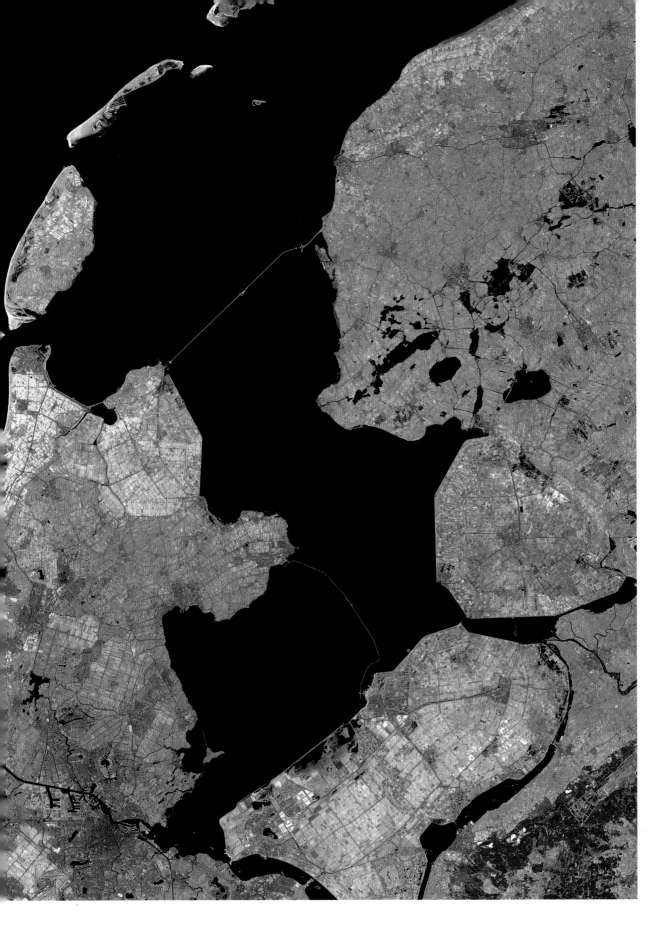

荷蘭：艾塞湖

總長30公里的阿夫魯戴克大壩位於荷蘭北部，1932年完工時形成了淺淡水湖艾塞湖，橫跨原為北海內灣的須德海口，圖中上半部從東北斜向西南的清晰細線就是壩堤。往南是更靠近陸地的馬克瓦爾戴克水壩，1976年完工時形成另一個淡水湖「馬克米爾湖」。荷蘭的第一大城阿姆斯特丹，就在左下角。

荷蘭：布爾坦赫堡

位於荷蘭北部靠近德國邊界的布爾坦赫堡是一處古怪的要塞古蹟，整座城堡於1850年拆除後又重建，從1964年起成為觀光景點，精心設計的星形防禦工程和護城河都仿自1742年的模樣。原始要塞係奉奧倫治威廉王子之命，自1580年開始興建，由於不斷維護翻修，直到十九世紀仍具備碉堡功能。

23

斯堪地那維亞

斯堪地那維亞四國包括丹麥、瑞典、芬蘭和挪威，在地形上各具特色。最東邊的芬蘭境內，規模大於1公頃的湖就超過56,000個；瑞典境內到處可見森林與湖泊，波斯尼亞灣的波羅的海岩岸外有成串島嶼星羅棋布；挪威則是歐洲最北邊的國家，主要地形為山地和峽灣，海岸線總長2,400公里，島嶼多達45,000個以上。

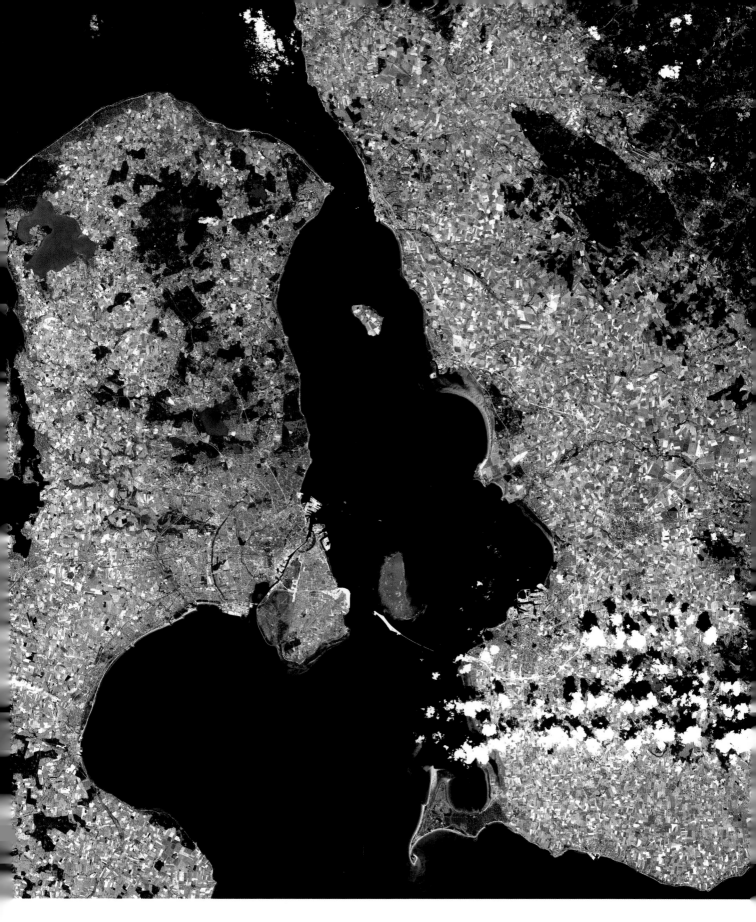

丹麥與瑞典：奧瑞桑海峽

奧瑞桑海峽（或暱稱為「魚鰾」）將丹麥和瑞典分成左右兩邊，北面最窄處僅5公里寬。圖中位於海峽南端薩爾索姆島下方的線條是連接丹麥首都哥本哈根和瑞典馬爾摩市的跨海大橋，於2000年7月正式通車。這座雙層大橋部分是橋梁、部分是隧道，總長7.7公里，中心跨距為490公尺。

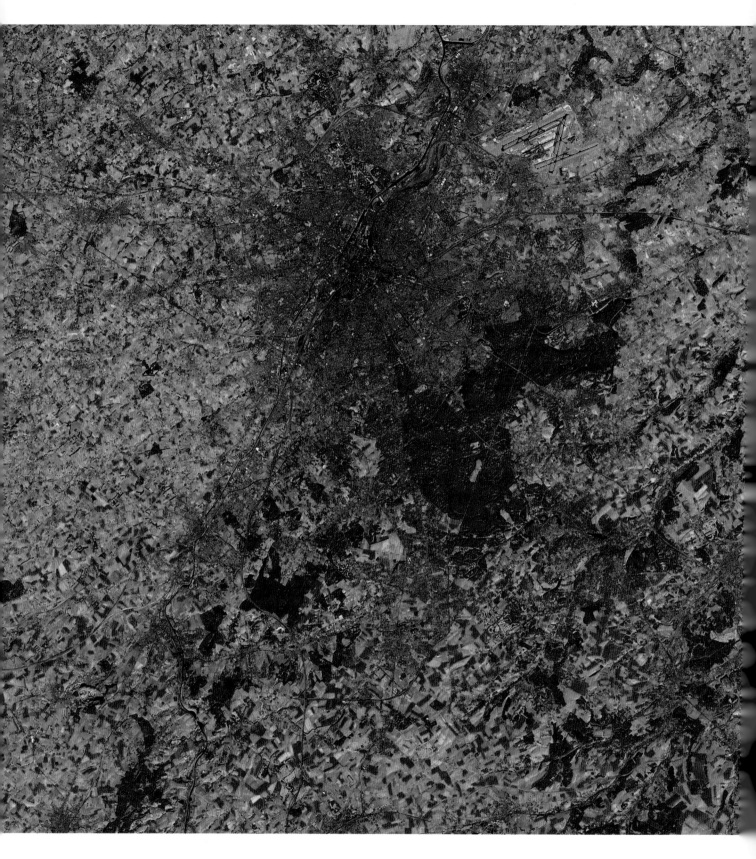

比利時：布魯塞爾

布魯塞爾是比利時的首都，同時也是歐盟的行政中心與北大西洋公約
組織總部所在地，與歐洲其他首善之區相比規模較小，總人口還不到
175萬人，其中至少有三分之一是外籍人士，不但凸顯出比利時的國
際化特色，也彰顯其做為歐洲主要對外窗口的重要歷史地位。市區周
圍都是農地，看得出該區土壤特別肥沃。大片的暗紅色區塊是森林。

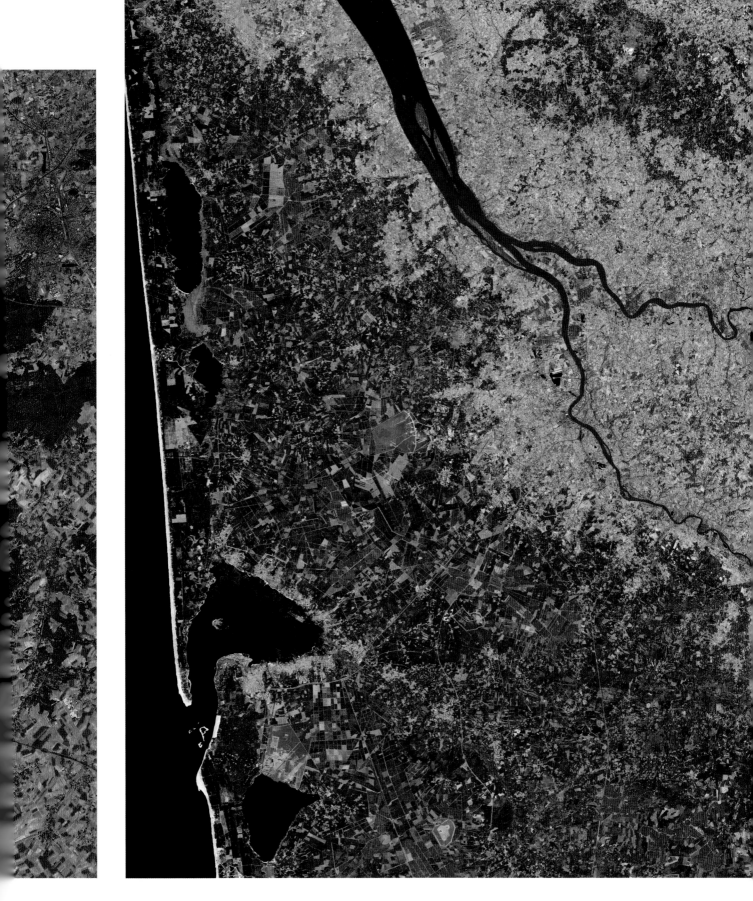

法國：波爾多、梅鐸與吉倫特

波爾多是法國最雅致的省都（即圖中的淡藍色區塊），兩條河流在波爾多北邊匯合，形成全歐最大的吉倫特河灣，上方是多爾多涅河，下方是加隆河。波爾多西南方是寬闊的阿卡雄灣，是大西洋沙岸的連串潟湖之一；北邊則是世界馳名的葡萄酒產地梅鐸。

法國：巴黎

上圖中央的大片灰色區塊是法國首都暨第一大城巴黎，也是全歐最大的都市，總人口高達1,050萬人。巴黎坐落在北歐平原的低地上，圖中清晰可見塞納河由東南斜向西北貫穿市區後，接連彎繞成數個大河彎，最後向北注入英吉利海峽。

衛星影像由美國太空影像公司歐洲分部提供

法國：巴黎市中心

法國的都市計畫強調宏偉與形式，從這張影像就可一目了然。左上方為凱旋門，是道路輻輳網絡的中心點，其中最寬敞筆直的香榭大道可直通兩哩外的協和廣場和羅浮宮。塞納河左岸有一系列壯觀井然的花園，可通往路易十四時期興建的榮軍院（傷兵院），這裡有拿破崙之墓；左手邊則是艾菲爾鐵塔。

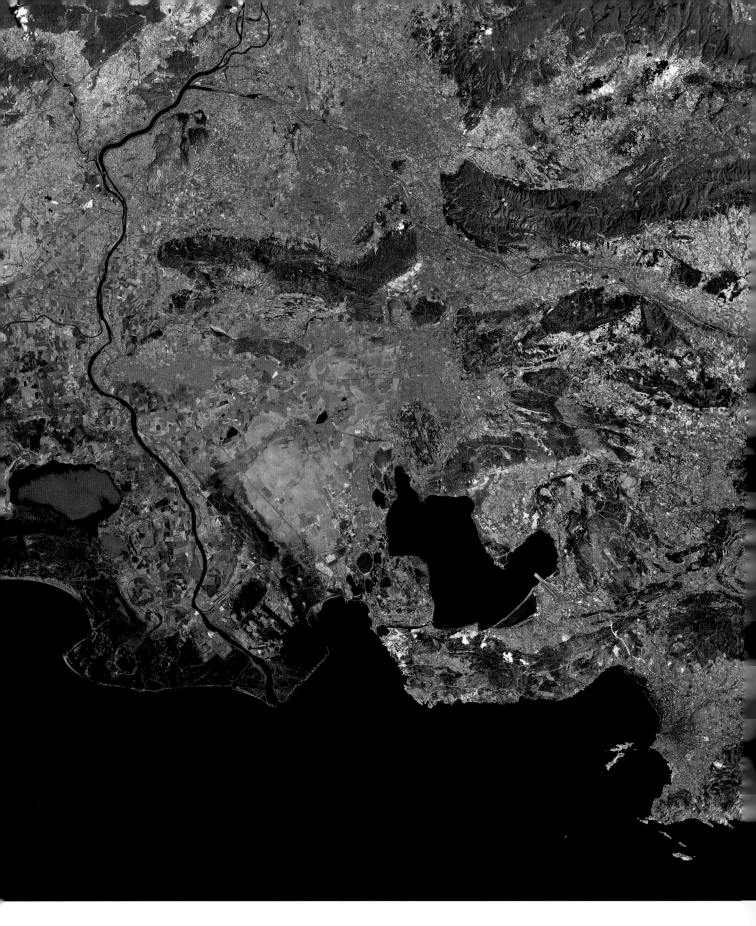

法國：馬賽與隆河三角洲

30　　上圖左方清晰可見隆河在接近地中海前先流經滿布岩石的地段，再形
　　　成一連串相連的鹽水潟湖，即卡馬爾格潟湖區。聖路易港剛好位於隆
　　　河出海口上，為歐洲數一數二的大港口。馬賽則位於圖右下方的西向
　　　海岸線上，為法國地中海沿岸的第一大城。

西班牙：馬約卡島

說旅遊業是帶動馬約卡島經濟的火車頭絕不為過，每年總計吸引900萬人次蜂擁而至，主要都聚集在西南海灣西端的帕爾馬城附近，整個夏季觀光人潮不斷，遊客人數比島上居民（581,000人）略勝一籌。令人訝異的是，馬約卡島內陸與崎嶇不平的北海岸，多半仍未遭到人為開發破壞。

西班牙：馬德里

馬德里是西班牙的首都暨第一大城，總人口數295萬，位置接近國土
的正中心。由於坐落在海拔610公尺高的梅塞塔高原上，居高臨下俯
視西班牙北部和中部，冬天常是風強酷寒，而夏天卻是炎熱難耐。馬
德里正北方則是瓜達拉馬山脈。

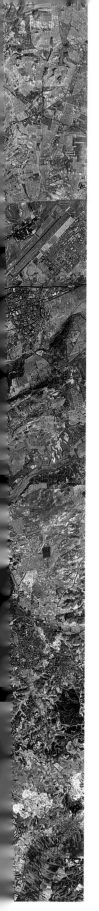

直布羅陀海峽

直布羅陀海峽是歐洲歷史悠久的重要交通樞紐，不僅是歐洲最靠近非洲的地方，加上海峽最窄處只有15公里寬，使地中海形同內海，因此幾個世紀以來，只要握有這裡的控制權，就等於掌控了整個地中海。非洲海岸那端伸入地中海的城市是休達，歐洲這邊則是直布羅陀，雖然兩者都位居海峽咽喉，但就海港功能來說，直布羅陀更勝一籌。

德國：柏林

34   柏林是德國首都，圖中顯眼的紅色斑塊是森林，呈現此區北歐平原林木蓊鬱的特徵。此外，也看得到市郊點綴著許多湖泊，是柏林394萬居民最喜歡的休閒去處。施普雷河由右向左流經柏林後繼續向北流，河道在圖中較不明顯。西南方則是波茨坦。

瑞士、法國與德國：巴塞爾和萊因河

圖中可以清楚看到萊因河在巴塞爾轉向北流注入北海，向西的河段成為德國（北方）與瑞士（南方）兩國的邊界，向北流的部分則形成德法國界。巴塞爾正好位在瑞士、德國、法國的三國交界上，為西歐歷史悠久的重要樞紐。圖中左上角是法國城市米路斯。

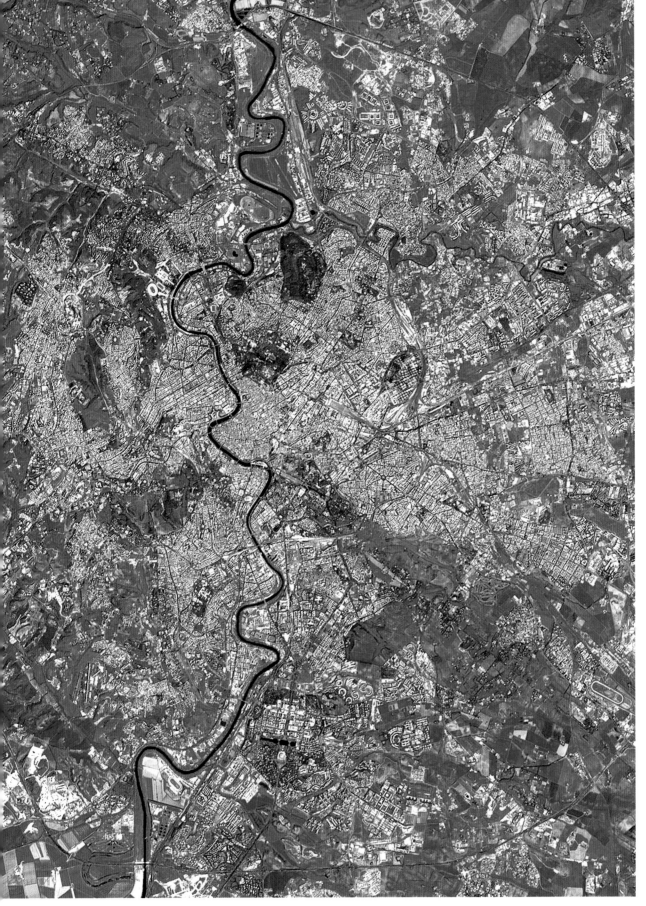

義大利：羅馬

「條條大路通羅馬」，這座永恆之城雖然曾經貴爲古羅馬帝國的政治中樞，但直到1870年，也就是今日的義大利大致底定九年之後，羅馬才重新登上首都寶座。雖然上圖很難看出羅馬建城之初重要的宗教暨政治中心的「七丘」所在，但古代位於台伯河東岸的熱鬧市集，至今仍爲人口稠密區。

36

梵蒂岡

梵蒂岡位於羅馬城內,是全世界最小的國家,44公頃的領土裡共有921個國民,以此推算等於每平方公里就有2,093人,統計上的荒謬現象讓它成爲世界人口密度排名第三高的國家。梵蒂岡的元首就是教宗,官方語言爲拉丁文,主要建築包括全世界最大的天主教教堂聖彼得大教堂及教堂前方寬闊的橢圓形廣場。

義大利：威尼斯

威尼斯位於亞得里亞海北端，係由淺潟湖中的120座島嶼組成，過去1000年來都以平均每世紀7公分的速度逐漸下沉，但上個世紀卻急遽下陷了24公分。即使迫在眉睫，興建堤防以抵擋周期性洪水的計畫卻仍停留在紙上談兵的階段。大運河和聖馬可廣場是威尼斯僅有的兩處大型開放空間，在圖中可以清楚看到。

衛星影像由美國太空影像公司提供

義大利：維蘇威火山與
拿坡里灣

拿坡里現有200萬人口，不
僅處在南面維蘇威火山的陰
影下，正北方還面臨富雷葛
瑞火山群的威脅，可說是腹
背受敵。雖然維蘇威火山從
1944年起就沒有再爆發過，
但難保西元79年摧毀龐貝城
的爆發規模不會再發生，只
是沒人能預知是何時。至於
富雷葛瑞火山群則從1538年
就偃兵息鼓，但同樣並未成
為死火山。

西西里島：埃特納峰

位於西西里島東岸的埃特納峰海拔3,350公尺，從1950年代中期開始
出現周期性活動的跡象，1980年代起愈見活躍，如今則處於半恆定活
動狀態，和維蘇威火山一樣都是全世界密切觀察的火山。衛星影像科
技對於火山學的發展貢獻良多，從太空監測氣體噴發的狀況如今已是
非常重要的一環。

42

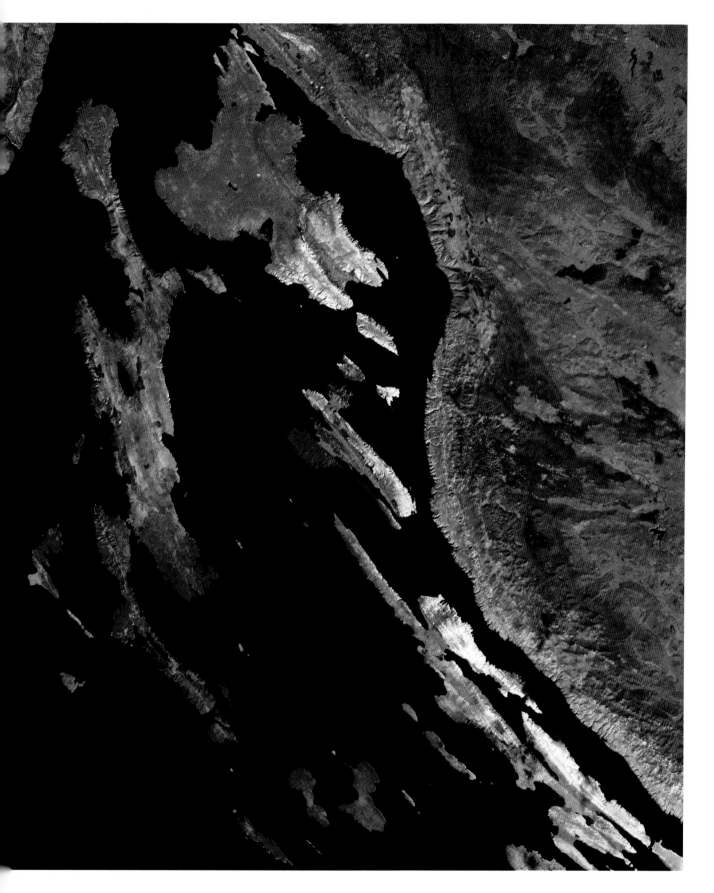

克羅埃西亞：北達爾馬提亞（亞得里亞海）海岸

克羅埃西亞的亞得里亞海岸擁有全歐數一數二的海濱美景，數十座大小島嶼星羅棋布，美不勝收。圖中的最大島是北端的克爾克島，其西邊則是狹長的茲勒斯島，兩座島嶼同樣都位於克瓦納灣內。從岩岸往內陸方向可以看到第拿里阿爾卑斯山綿延的丘陵地帶，幾乎與克羅埃西亞的國土等長。

捷克：布拉格

44 上圖中央的布拉格是捷克共和國的首都，坐落在波希米高原上，四周
群山與森林環抱，伏爾塔瓦河則貫穿市區，向北注入易北河。此圖涵
蓋範圍南北長約120公里，幾乎占滿整張圖的紅色斑塊都是植被，清
楚顯示此區以農業爲主。

匈牙利：布達佩斯

布達佩斯是匈牙利首都，位於匈牙利大平原北部，歐洲第二長河（也是最長的東西向河川）多瑙河將其一分爲二。此圖涵蓋範圍南北長約50公里，布達佩斯北邊數公里遠的貝公林山和鄰近的喀爾巴阡山丘陵地帶，在圖中是明顯的紅色。

希臘：雅典

46　雅典是希臘首都暨第一大城，西、北、東三面環山，所坐擁的平原一路往西南延伸至島嶼羅列的薩羅尼加灣。大雅典都會區包括皮里斯港在內，面積共427平方公里，總人口300萬人。古雅典遺址就在市中心，從160公尺高的衛城向外擴展，距海岸11公里，圖中以紅色呈現的就是雅典市中心。

希臘：克里特島西部

克里特島是希臘第一大島（也是地中海第五大島），長260公里，最窄處僅16公里寬，然而其部分沙岸、部分岩岸的綿延海岸線卻足足有1,000公里長。島上山脊向北凸出，在克里特島的西部形成三個顯眼的半島。上圖中央看似有皚皚白雪覆蓋的白色山脈，其實是由顏色特別淺的石灰岩所構成的美麗山脈。

47

土耳其：安納托利亞斷層

安納托利亞斷層大致呈東西向橫越土耳其，總長約900公里（此圖只顯示約100公里）。自1939年以來已發生過七次大地震，讓東西向的斷層更加碎裂。1999年8月發生在伊茲米特附近（即馬爾馬拉海上靠近伊斯坦堡處）的地震最為嚴重，死亡人數高達18,000人。

俄羅斯：莫斯科

莫斯科為俄羅斯的首都暨第一大城，有莫斯科河蜿蜒流經，總人口
9,300萬人，也是全歐第二大的都市。此圖涵蓋範圍南北長約58公
里，其中克里姆林為俄羅斯先民最早的墾殖地，即上圖緊臨蝸牛狀大
彎河道（圖中央偏右）北邊的不規則紅色區塊。

49

俄羅斯：卡寧半島

卡寧半島位於俄羅斯西北方，明顯伸入巴倫支海中，西邊是名副其實的白海（冬季結冰時一片雪白），東邊則是車什卡亞灣。卡寧半島的氣候和地貌相當極端，由於全境都在北極圈北部，一月的平均氣溫只有攝氏零下17度，多數地方都覆蓋著永凍層，部分厚度甚至超過275公尺。此地人煙稀少，強悍堅毅的居民多以漁獵及畜養馴鹿維生。

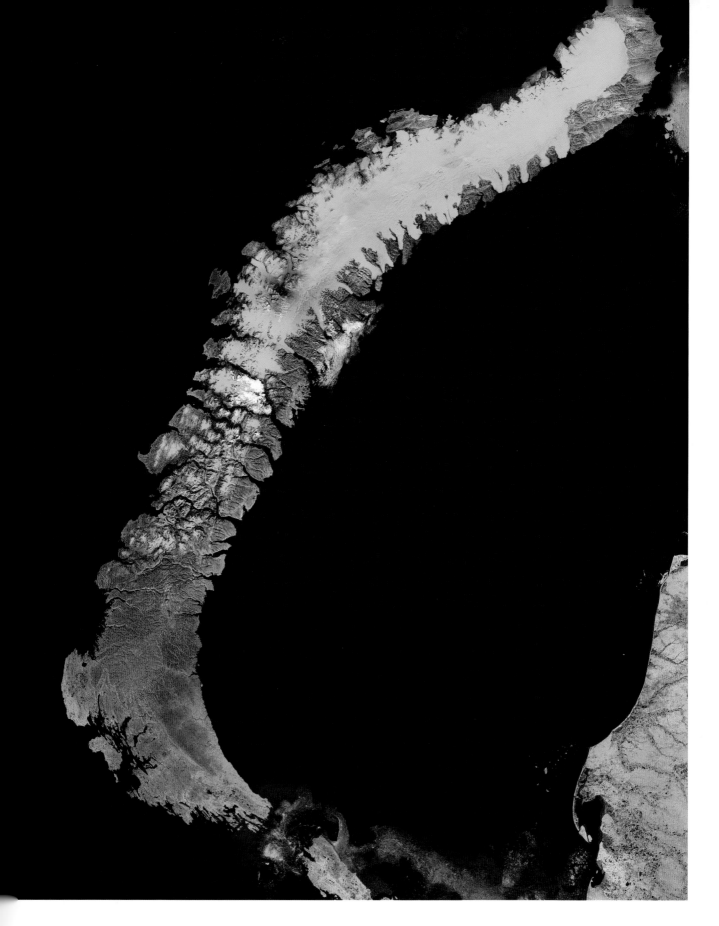

俄羅斯：新地島

新地島位於俄羅斯北海岸外，將東西兩邊的喀拉海和巴倫支海分隔開來，總面積90,650平方公里，包括北地島和南地島兩座主島及其他零星小島，地質上是屬於南方烏拉山的延伸，因此全島多山。南地島幾乎全為凍原，北地島則多冰河。

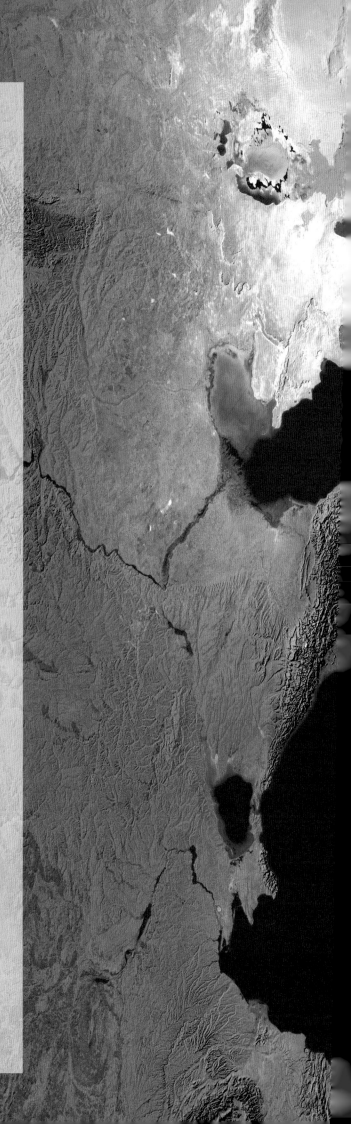

中東地區

中東地區比歐洲更難以明確畫分邊界。儘管五千年前全世界最早的城市就出現在美索不達米亞（現在的伊拉克），但這個年代久遠的古文明卻無法被視為獨立的地理實體，反而更像是鄰近歐洲或北非世界的重要延伸地帶，成為地理與文化薈萃的交叉口。肥沃月彎從美索不達米亞向巴勒斯坦，再往南伸入埃及，自古就是連接東西方的要道之一。

土耳其的安納托利亞山脈與伊拉克、伊朗之間的札格洛斯山脈形成崎嶇的天然屏障，區隔中東地區的多元地貌。北邊主要為三大內陸湖（黑海、裏海和鹹海），不過人類活動及有限的水資源，卻對乾旱的中亞平原，以及鹹海與裏海等自然環境帶來嚴重威脅。南邊阿拉伯半島上遼闊的阿拉伯沙漠和敘利亞沙漠，加起來就有300萬平方公里，含沙量更勝非洲的撒哈拉沙漠；半島東南部名副其實的不毛之地魯卜哈利沙漠則有330公尺高的沙丘聳立，氣溫可達攝氏55度，細沙表面更可高達攝氏80度，如此酷熱再加上有致命蛇蠍出沒，令人望之卻步。

六千多年前，蘇美、亞述及巴比倫人用地表滲出的石油來點燈照明或治療傷口；近代的石油世紀則始於1908年，當時在伊朗南部的札格洛斯山脈開挖出足供量產的原油，緊接著又在沙烏地阿拉伯和科威特的沙漠中開採出數個世界最大的油田，從此波灣地區的石油收益便一躍成為中東地區的經濟重心，並支撐著全世界的石油工業。近來在裏海附近又發現蘊藏豐富的石油，將可確保中東地區的發展得以持續不墜。

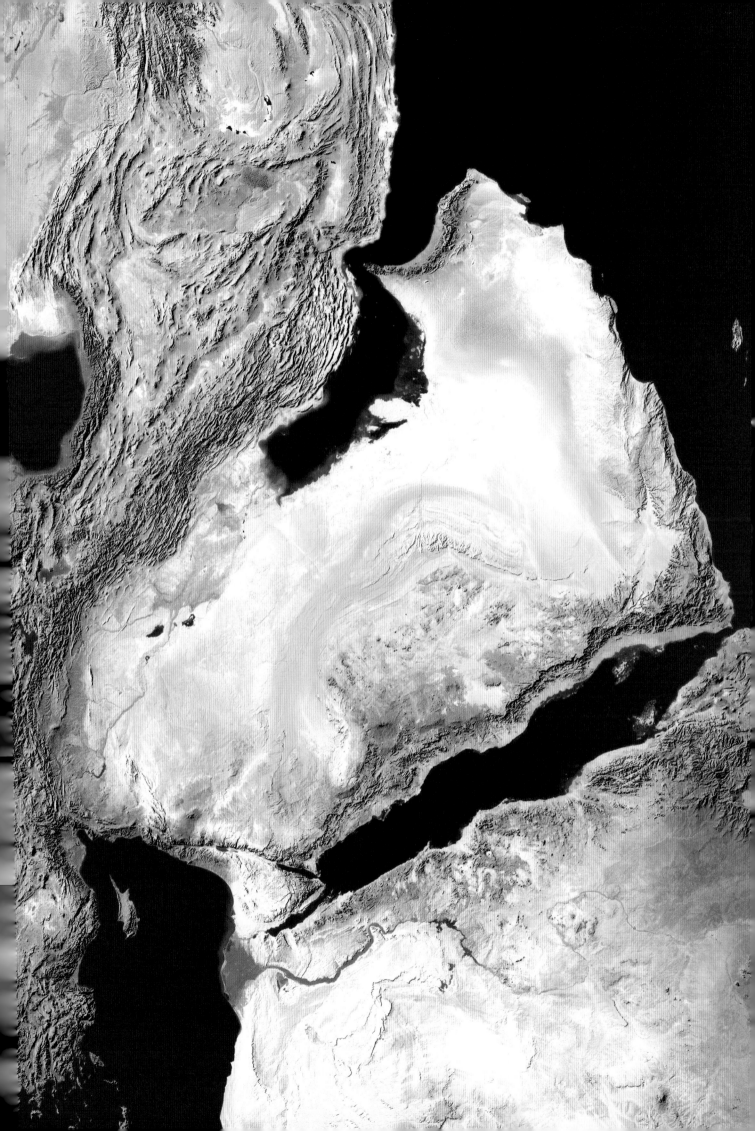

約旦：死海

死海是地球表面的最低點，位在海平面以下394公尺，爲非洲大裂谷山系最北端的延伸，也是從馬拉威開始往北伸展的地殼斷層帶，南北總長約70公里，大致可分爲較大的北湖和淺得多的南湖。北端雖有約旦河注入，南端卻無出口，使湖水因礦物質含量太高而沒有任何生物得以在此生存，死寂程度恰如其名。

沙烏地阿拉伯：麥加

上圖中央是麥加的大清眞寺卡巴聖堂，長寬高各為12、10和15公尺，
每年都有上百萬名穆斯林前來朝聖，世界各地的信徒每天也必須面朝
此聖地跪禱，可說是全球矚目的焦點。聖堂正中央供奉著穆斯林世界
至高無上的聖物「黑石」，傳說是大天使加百利帶給先知亞伯拉罕的
禮物，以做為建造卡巴聖堂的基石。

57

沙烏地阿拉伯：利雅德

58 利雅德是沙烏地阿拉伯的首都暨第一大城，總人口180萬，坐落在海拔600公尺的內志高原上，接近國土的正地理中心，降雨多集中在一到五月，年平均降雨量只有10公分。此圖涵蓋範圍南北長約200公里，其中內志高原環境險惡，大都為杳無人煙的沙漠。

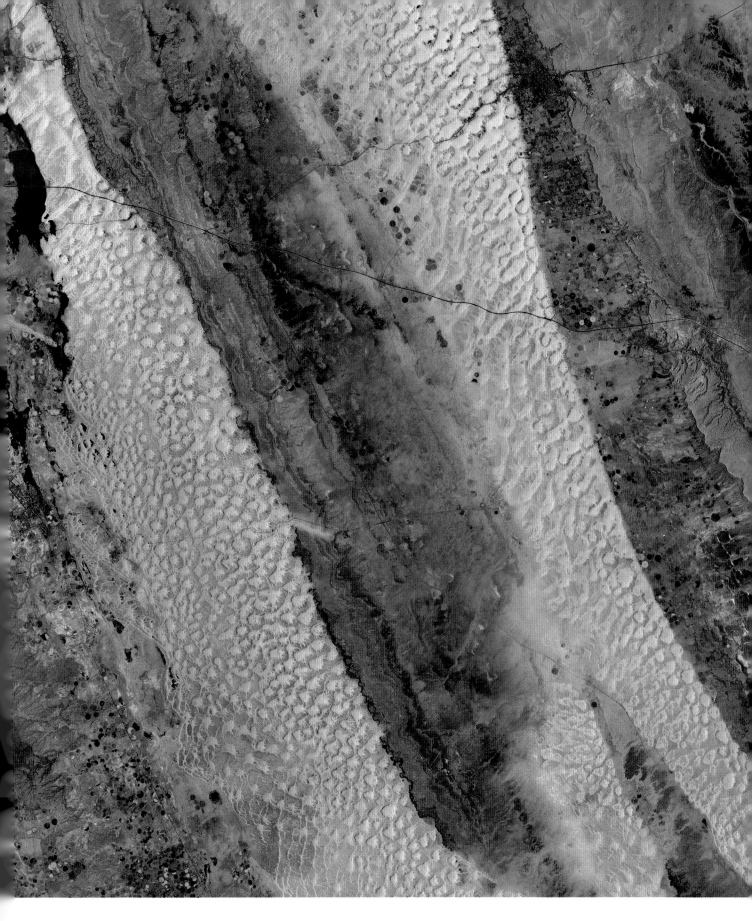

沙烏地阿拉伯：濟爾非

沙烏地阿拉伯境內幾乎全是乾旱的荒地，中北部的浩瀚沙漠即為代表。這裡是全世界少數夏季氣溫經常超過攝氏48度的地方，也沒有任何固定湖泊或河川，沙塵暴更是家常便飯。因此，沙烏地阿拉伯不惜投下鉅資興建製水廠以振興農業，圖中所見的許多綠色圓圈即為安裝中心軸自動灑水灌溉系統的農田。

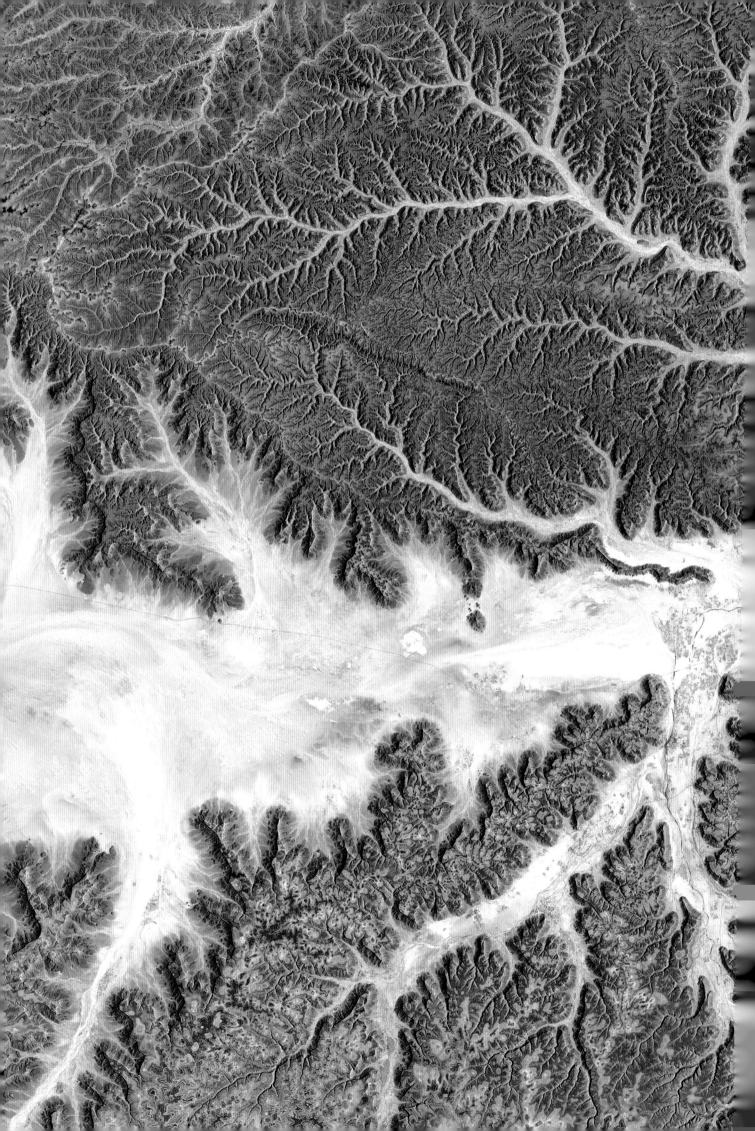

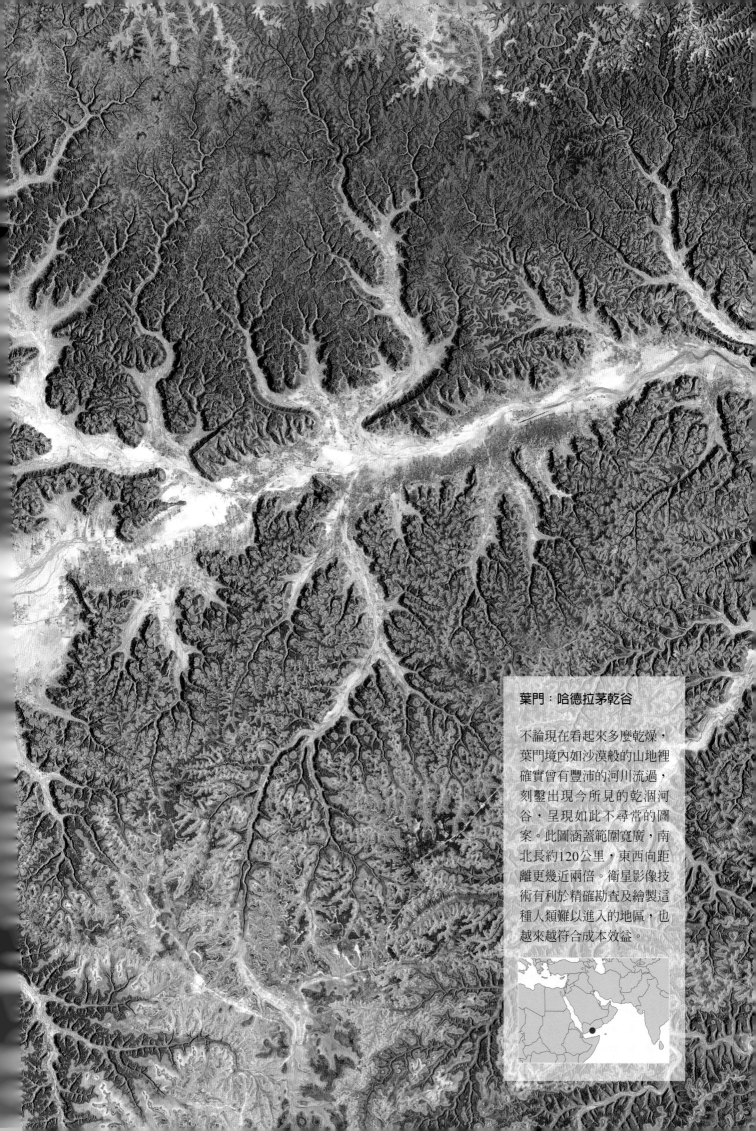

葉門：哈德拉茅乾谷

不論現在看起來多麼乾燥，葉門境內如沙漠般的山地裡確實曾有豐沛的河川流過，刻鑿出現今所見的乾涸河谷，呈現如此不尋常的圖案。此圖涵蓋範圍寬廣，南北長約120公里，東西向距離更幾近兩倍。衛星影像技術有利於精確勘查及繪製這種人類難以進入的地區，也越來越符合成本效益。

葉門：哈德拉茅乾谷（細部）

此圖是前頁最東端的細部特寫，南北涵蓋範圍只有約4公里。植被同樣呈紅色，畫面中央是網狀的小型農地，最上面的亮紅色區塊表示此區作物最為繁茂。散布在溪岸旁的小紅點則是幾處零星的灌木叢；此外還看得到兩條涓細的溪流，灰色區塊是沉積物。

衛星影像由美國太空影像公司中東分部提供

阿曼：沙米姆鹽沼

此圖涵蓋範圍南北長約120公里，以強烈的對比生動呈現出阿曼北部的險惡地形。左下方的大片黃色斑點是沙丘，位於鄰國沙烏地阿拉伯「不毛之地」魯卜哈利沙漠的最東北端。右上方為沖積平原，由罕見濕季時堆積下來的沉積物所構成；中間則是個「曇花一現」的淺水湖，同樣難得達到滿水位。

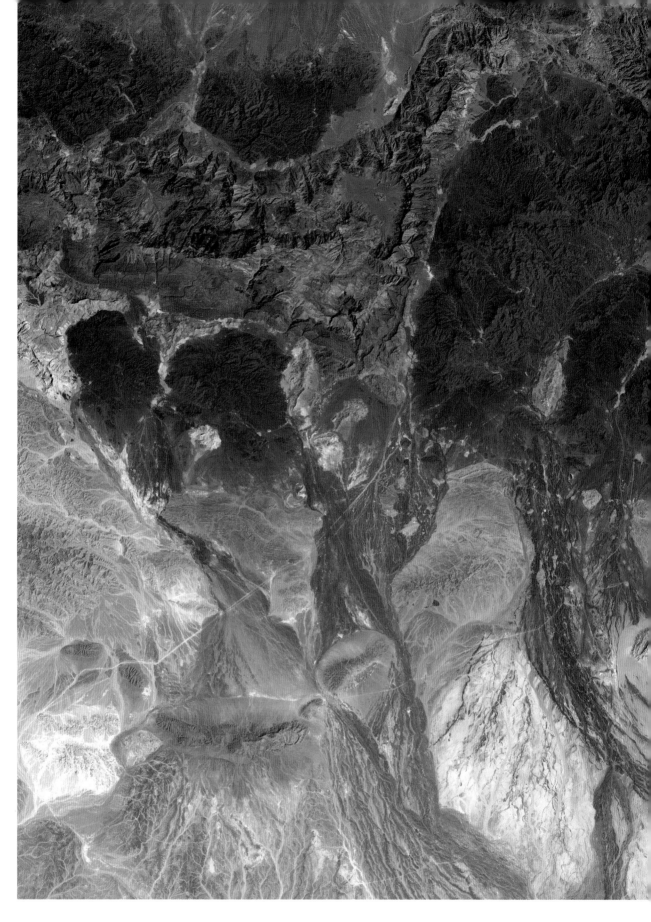

阿曼：西哈加爾山脈與達希萊區

相較之下，阿曼中北部靠近阿曼灣一帶是個多山區，與境內廣闊平坦
的荒地形成強烈對比。此圖涵蓋範圍南北長約175公里，中央與右上
角的深色岩塊，以及圖中不同地層之間的綠色和橘色岩石，都是海洋
地殼的碎片；南邊則是洪氾所形成的水道。

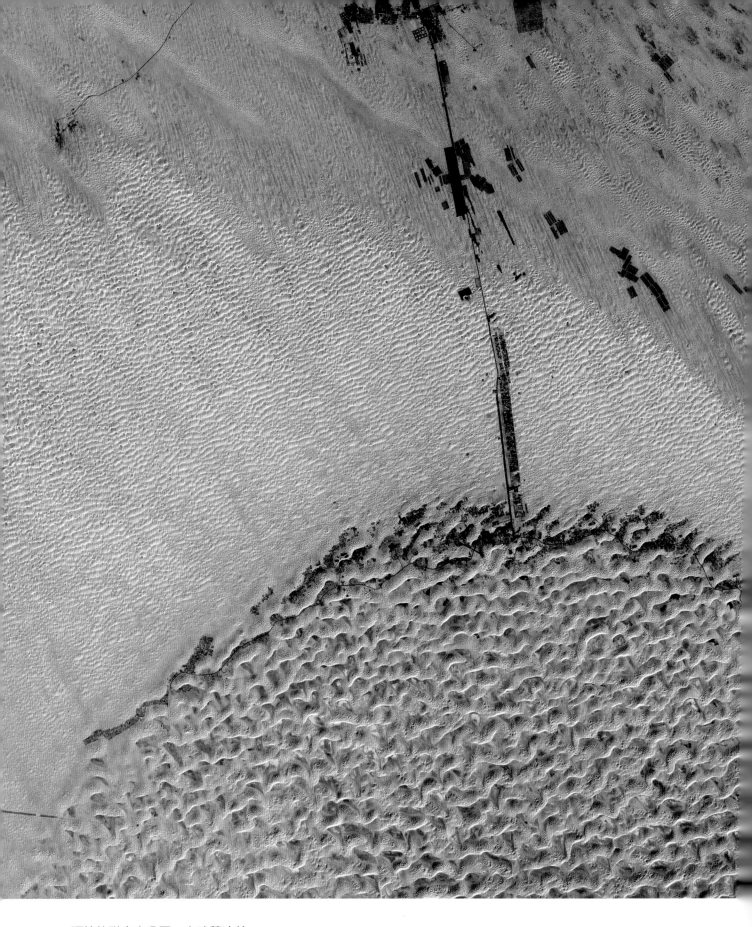

阿拉伯聯合大公國：布哈薩油井

上圖凸顯出不同的沙丘類型：下半部可以清楚看到較大型的沙丘，位
於比上半部低20到50公尺的凹地上，兩者之間如串珠般的藍色區域是
「間歇湖」，即沙丘間偶爾潮濕的窪地。再往北則是綠色的天然植被，
如新月般環綴外緣。一條公路即由此向北通達沿海地區，左上角的岔
路盡頭就是油井。

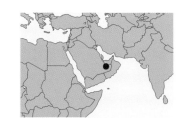

阿曼：穆桑代姆半島

穆桑代姆半島為阿曼屬地，伸入霍爾木茲海峽與伊朗對望，周圍則環繞著阿拉伯聯合大公國的土地，在地形上是西哈加爾山脈的延伸，地勢險惡崎嶇。霍爾木茲海峽於此僅50公里寬，全球原油運輸有25%都航經此處，戰略重要性全球數一數二。此圖涵蓋範圍南北長約120公里，半島尖端鋸齒狀的島嶼讓人聯想起挪威的峽灣。

阿拉伯聯合大公國：杜拜阿拉伯塔飯店（帆船酒店）

杜拜想脫離只靠石油獨撐經濟大局的決心，從這張圖中就可窺得一二。圖左中央清晰可見的阿拉伯塔飯店（又稱帆船酒店）位於離杜拜南部15公里的波斯灣內，是一棟相當引人注目的帆船形摩天大樓，高321公尺，聳立在離岸300公尺的人造小島上，以一狹長的高架公路與阿拉伯半島相連。

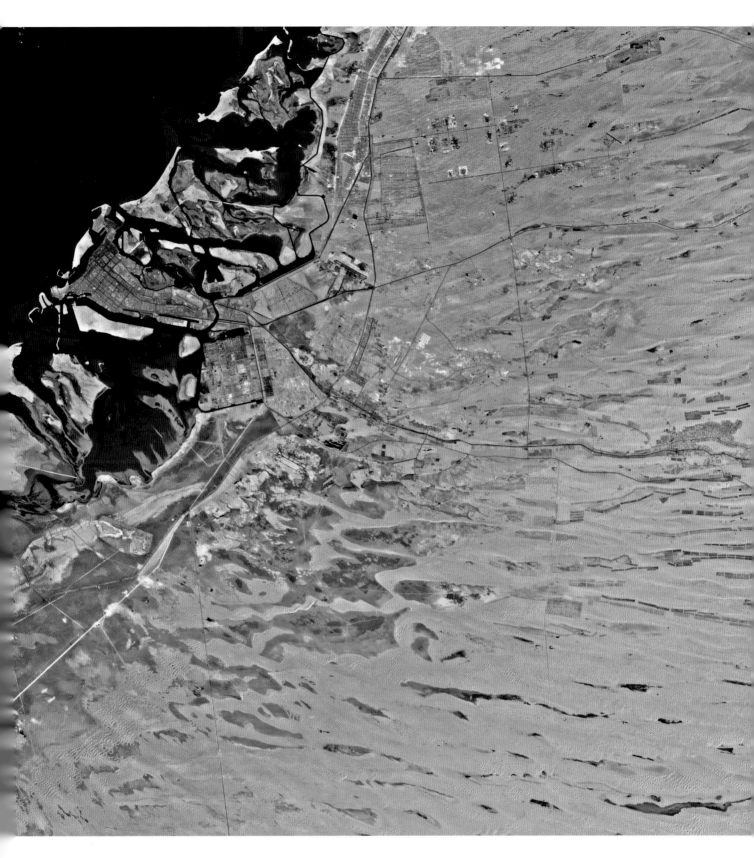

阿拉伯聯合大公國：阿布達比

阿拉伯七個大公國中面積最大的就是阿布達比，境內絕大部分是沙漠，西鄰沙烏地阿拉伯的「不毛之地」魯卜哈利沙漠。沿岸地區儘管年平均降雨量不到130公釐，但拜大規模灌溉工程之賜，已經能有限度的發展農業。畫面左上方的阿布達比市是阿拉伯聯合大公國的首都，圍繞四周的小島、淺海與環礁是阿拉伯聯合大公國波斯灣海岸的典型地形。

阿拉伯聯合大公國：杜拜棕櫚島

70　棕櫚島群位於杜拜海岸外，係以人工方式建成棕櫚樹島形的度假勝地，全區外圍再環以新月形的混凝土牆，是全世界最具企圖心的建設工程。另一個規模更大的度假區還在興建中，離海岸21公里，據稱完工後從太空一眼就能瞧見這兩處奇景。圖中所見是最早完成的朱美拉棕櫚島，攝於2003年9月。

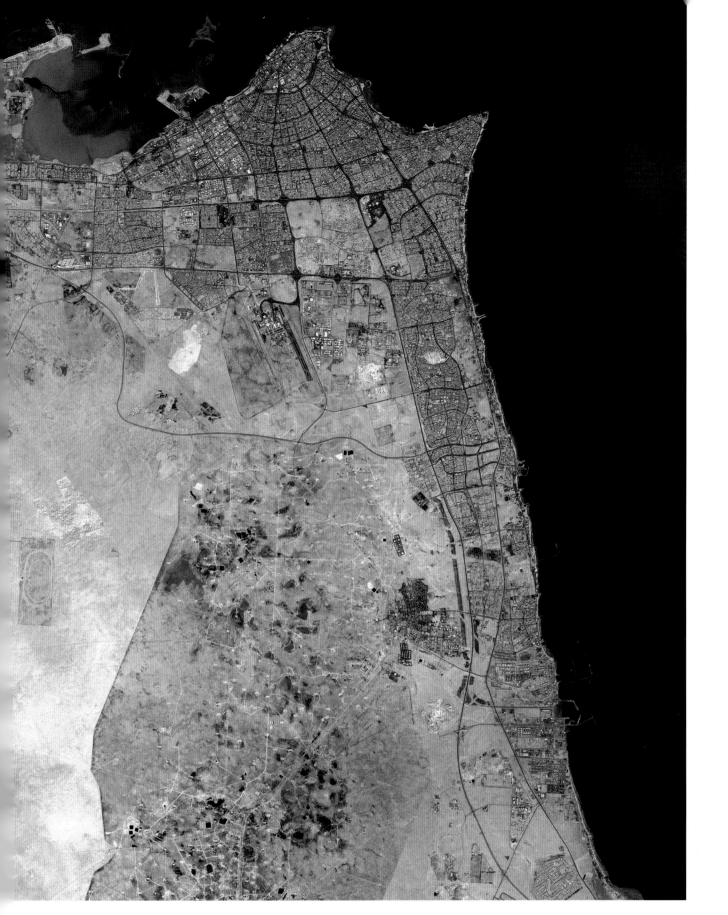

科威特：科威特市

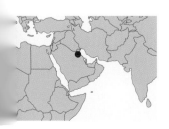

科威特市爲科威特首都，位於上圖頂端，總人口只有15萬人，是全世界最小的首都之一。科威特經勘測擁有940億桶的石油儲量，占世界總量的十分之一。全境都是平緩起伏的沙漠，油田正位於這種地形中（科威特市正南方即爲油田）；耕地僅占全國總面積的0.34%。

伊拉克：巴格達

 72　巴格達是伊拉克首都，橫跨古文明世界大動脈之一的底格里斯河。底格里斯河與另一條重要河流幼發拉底河共同沖積出相當肥沃的平原，和國內多數地區形成強烈對比。巴格達市中心不大，周圍市郊卻相當廣闊，1990到1991年間遭受大規模破壞，再加上後來的波灣戰爭與2003年起的戰火蹂躪，公共建設多已損毀。

伊拉克：卡巴拉

卡巴拉是卡巴拉省的首府，位於巴格達西南方100公里，是伊拉克最古老的城市之一，對什葉派穆斯林而言，更是僅次於麥加和納傑夫的重要聖地，先知穆罕默德之孫胡笙即殉道葬身於此。全城有上百間清真寺及二十三所宗教學校，每年都有上百萬名信徒來此朝聖。

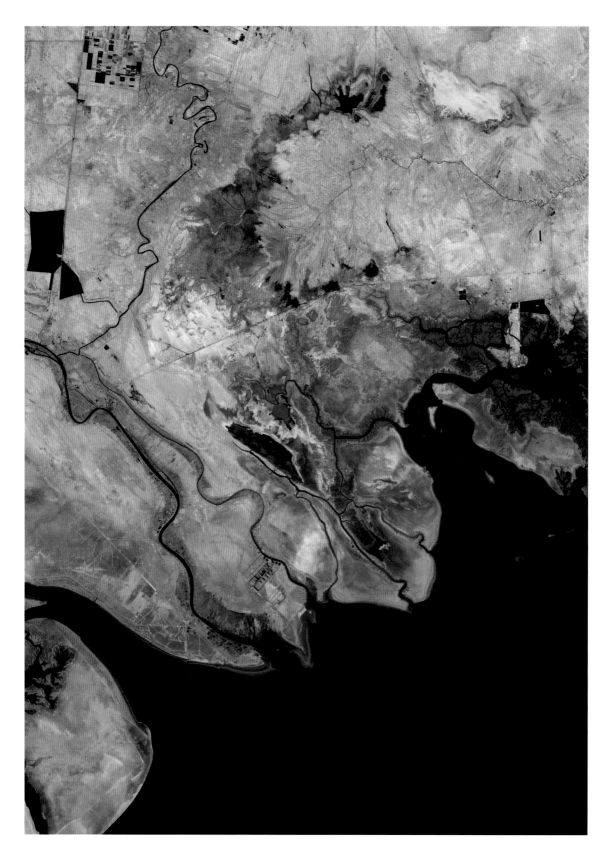

波斯灣：阿拉伯河

阿拉伯河是底格里斯河和幼發拉底河匯流而成的鹹水河，流向東南方
190公里後注入波斯灣，是伊拉克唯一的出海河，沿河最遠可航行至
伊拉克的主要港市巴斯拉。不過受東北方注入的支流卡倫河泥沙淤積
的影響，船隻航行始終充滿了危險。自1935年起，伊朗和伊拉克為掌
控此重要戰略位置衝突不斷（譯按：1975年兩國已協議決定沿阿拉伯
河道中段畫分界線）。

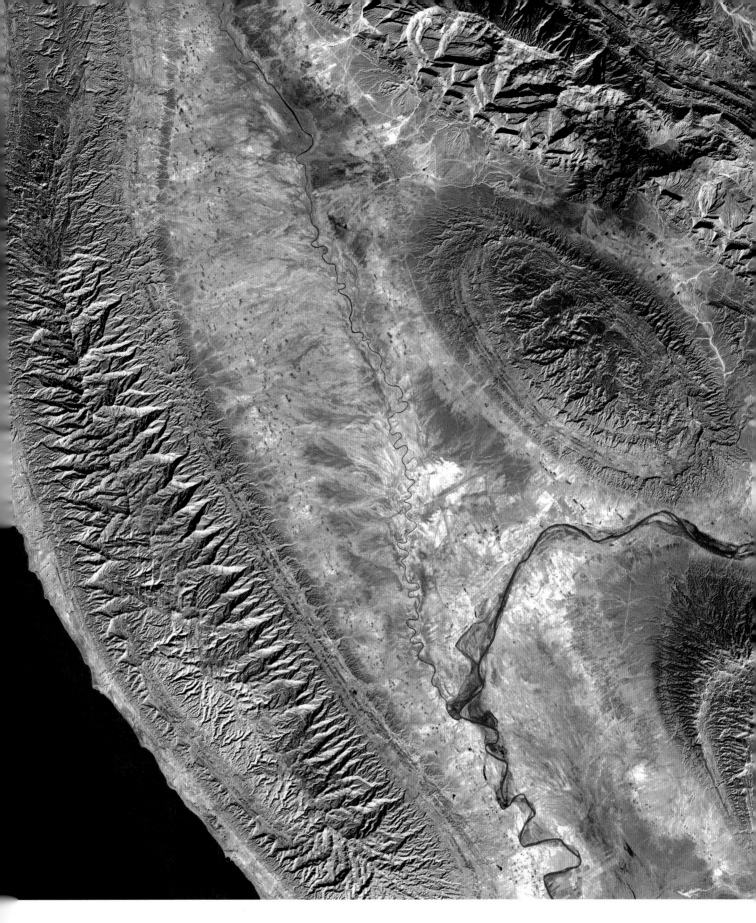

伊朗：札格洛斯山脈西部

伊朗西部的札格洛斯山脈是因為西南方的阿拉伯半島與東北方的歐亞板塊碰撞後所形成，畫面左邊與波斯灣平行且指向內陸的醒目鋸齒狀岩石地貌，即陸塊受到擠壓或褶曲運動時形成的「背斜層」。此圖涵蓋範圍南北長約70公里，曼德河彎繞於右下角，而左上角則另有一條支流匯入。

75

中東地區中東地區

伊朗：德黑蘭

上圖左下角是伊朗首都暨第一大城德黑蘭，總人口突破1,100萬人；
海拔雖有1,100公尺，但與北面侵蝕嚴重的艾布士山脈層峰相較之
下，還是矮了一截。此圖涵蓋範圍南北長約120公里，可清楚看見城
裡縱橫交錯的道路網。

伊朗：大鹽漠

大鹽漠是伊朗東部大片無人荒地北端的延伸，綿延逾800公里，也是該國境內最大的沙漠。此圖涵蓋範圍南北長約60公里，令人嘆為觀止的漩渦與環圈圖案是褶曲岩塊夾帶出的泥沼和鹽沼（即間歇湖），此區含鹽地殼能保存稀有的少量濕氣，使其不致蒸發殆盡。

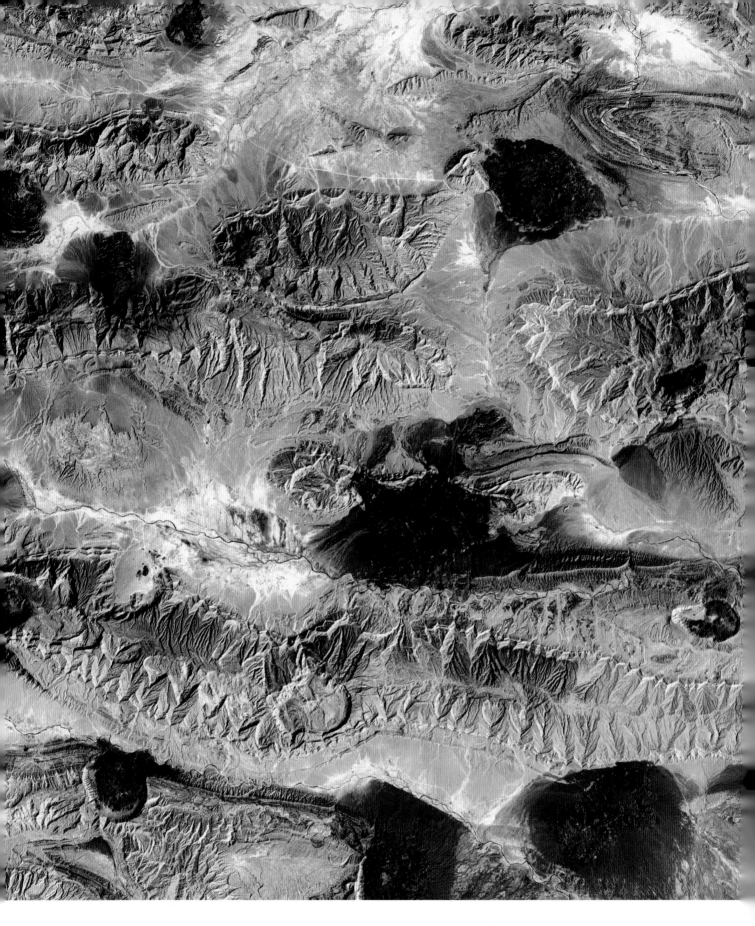

伊朗：札格洛斯山脈南部

此圖所示是伊朗札格洛斯山脈的西南段，涵蓋範圍南北長約120公里，如污漬般顯眼的暗紅色區塊為「擠入構造」，即黏性鹽岩穿透地表易碎岩塊的區域。鹽在此扮演著重要角色：它阻斷岩層，以形成潛在的石油圈閉。衛星影像科技在探測此類偏遠地區時貢獻良多，可以鎖定擠入構造的位置，進一步協尋更深層的石油蘊藏。

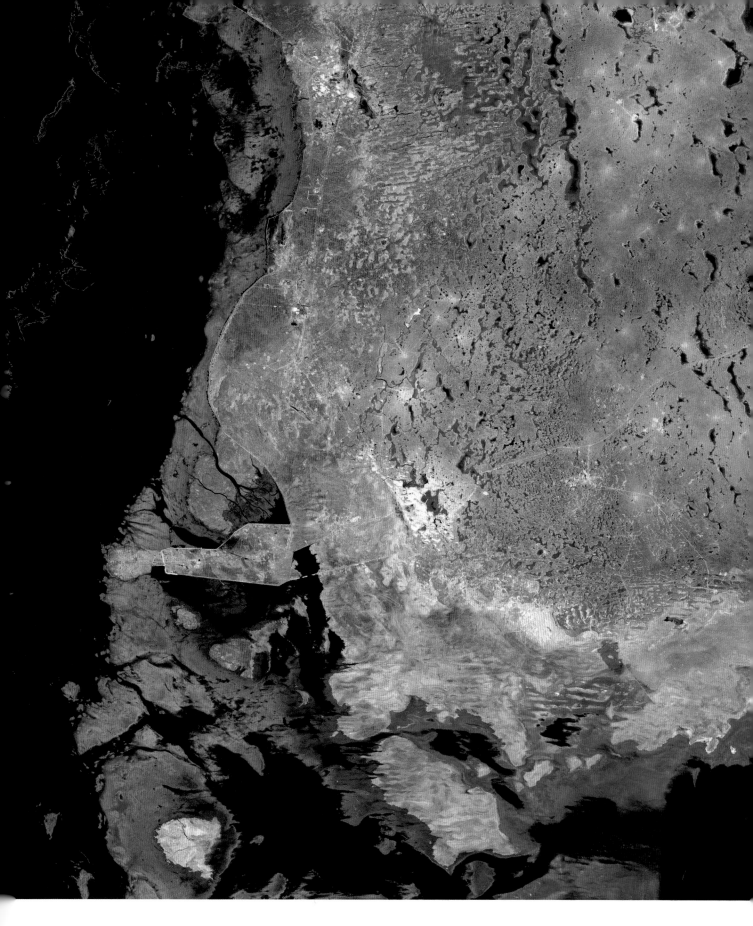

哈薩克：裏海

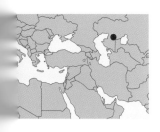

裏海北岸和東岸（包括上圖的東北角部分）的泰半地區都低於海平面30公尺，爲重要的石油產地。圖中有稜有角、向西凸出的半島是海埔新生地，也是普羅瓦油田所在地；藍綠色區塊則是處理污水的蘆葦床，長度幾乎與沿岸淺海水域相等，有些地方甚至離岸甚遠。卡拉通是哈薩克境內最大的墾殖地，沿著畫面中央頂端的淡綠色小海灣周圍建立。

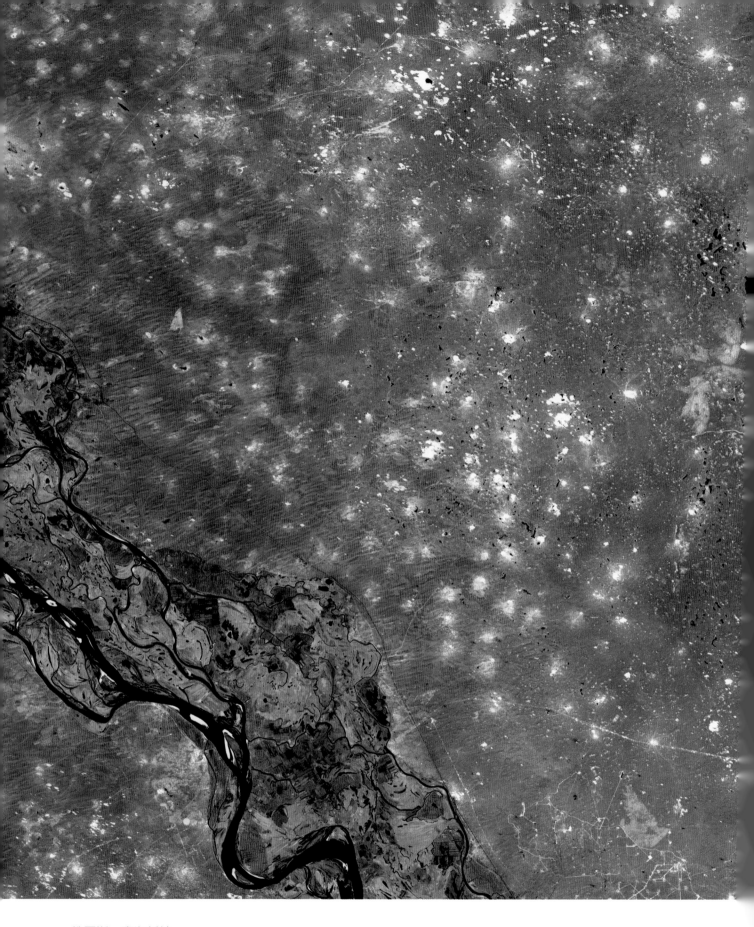

俄羅斯：裏海低地

圖中像痘疤狀的白色斑點就是裏海低地，也就是窩瓦河（從左下角斜流而過）三角洲南北延伸的低窪地區，看起來像極了月球表面，其實每個點都是人類活動對環境的破壞。為了探勘石油所進行的各項大規模工程，挖除了這裡的表土層，導致大範圍的土壤流失。

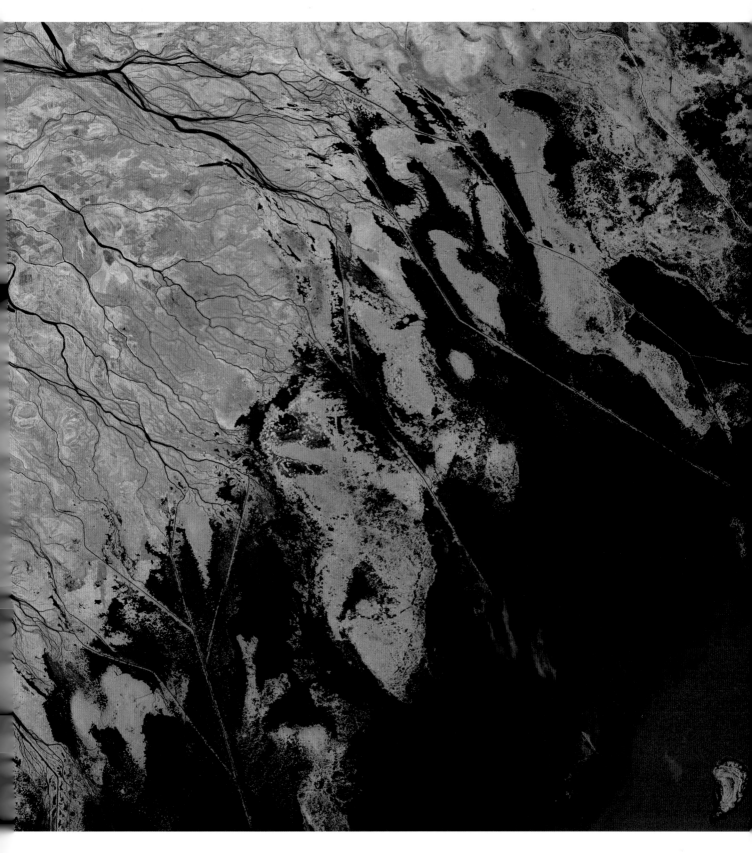

俄羅斯與哈薩克：窩瓦河三角洲

窩瓦河流經平坦的裏海低地，在接近裏海這個全世界最大的內陸海時不斷分流，大小支流超過500條以上，形成全世界複雜度數一數二的濕地生態系統，不僅提供了無數鳥類的棲息地，也是歐亞大陸產量最豐的漁場。衛星影像科技在監測此類敏感的自然棲息地時，是相當有用的工具。

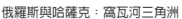

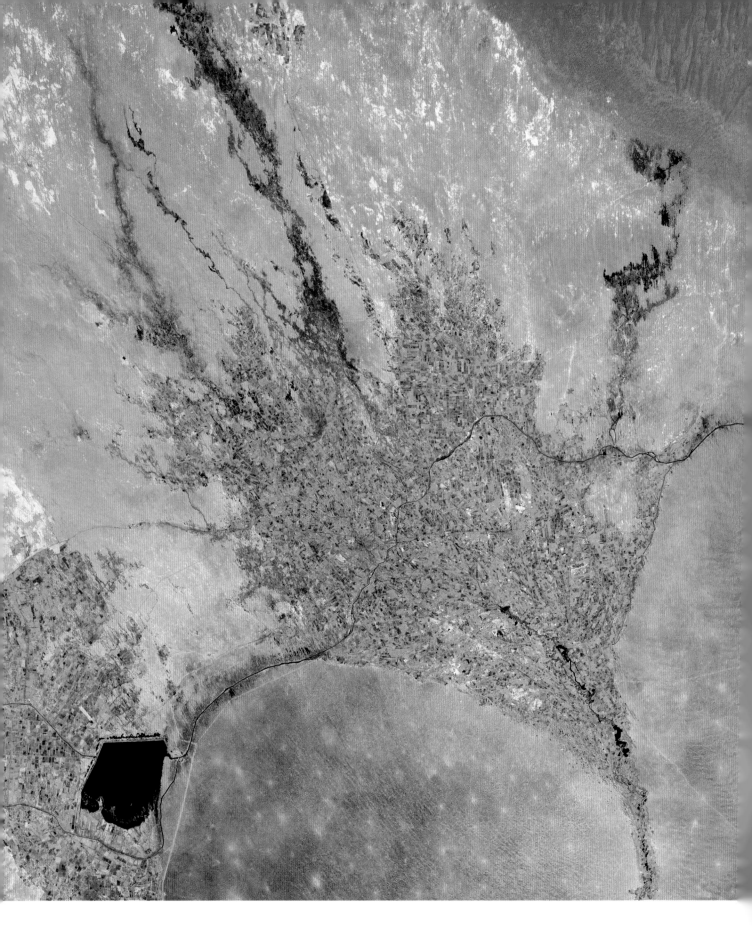

土庫曼：摩爾加布河

摩爾加布河沖積扇位於土庫曼東南部，圖中的青翠區塊其實只是美好的假象，因為土庫曼全境30萬平方公里有90%以上都是沙漠，深受水資源日益短缺所苦。為解決灌溉問題，首要工程是興建總長1,375公里的卡拉庫姆灌溉渠道，這是目前全世界最長的灌溉用水道。然而卻適得其反，情況更形惡化，因為渠道漏水而將鹽分帶到地表上，加快了沙漠化速度。

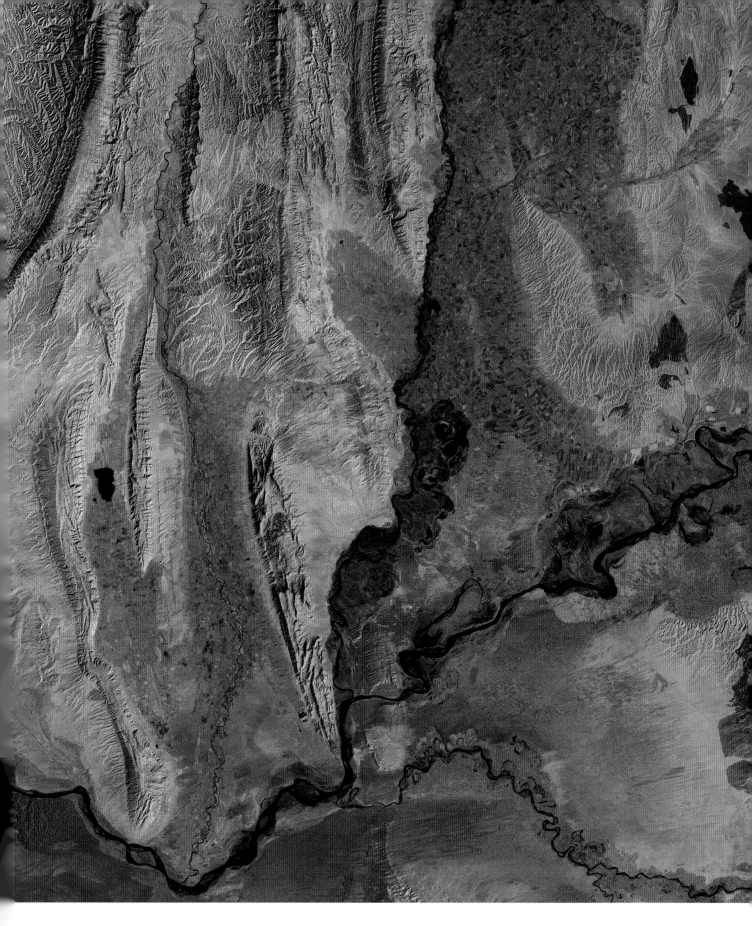

塔吉克與阿富汗：阿姆河

烏滸河即今日大家通稱的阿姆河，就是畫面底部由左向右流的大河，總長2,400公里，是南邊阿富汗和北邊塔吉克的國界。從北匯入阿姆河的兩條河流中，以塔吉克的瓦赫什河較大，孕育出圖中綠色區塊的廣大農業區（東岸尤其富饒）。

興都庫什山脈

興都庫什山隘自古以來就是
歐亞之間相當重要的貿易孔
道，北邊有烏茲別克、塔吉
克和吉爾吉斯等中亞國家，
南邊則有阿富汗、巴基斯坦
和印度。這裡也是重要的農
業區，即使在高海拔種植作
物並不容易，此區仍人口稠
密。印度河北端的豐饒平原
位於本圖的底部中央，以綠
色表示；圖右還看得到中國
西北部乾旱的塔里木盆地。

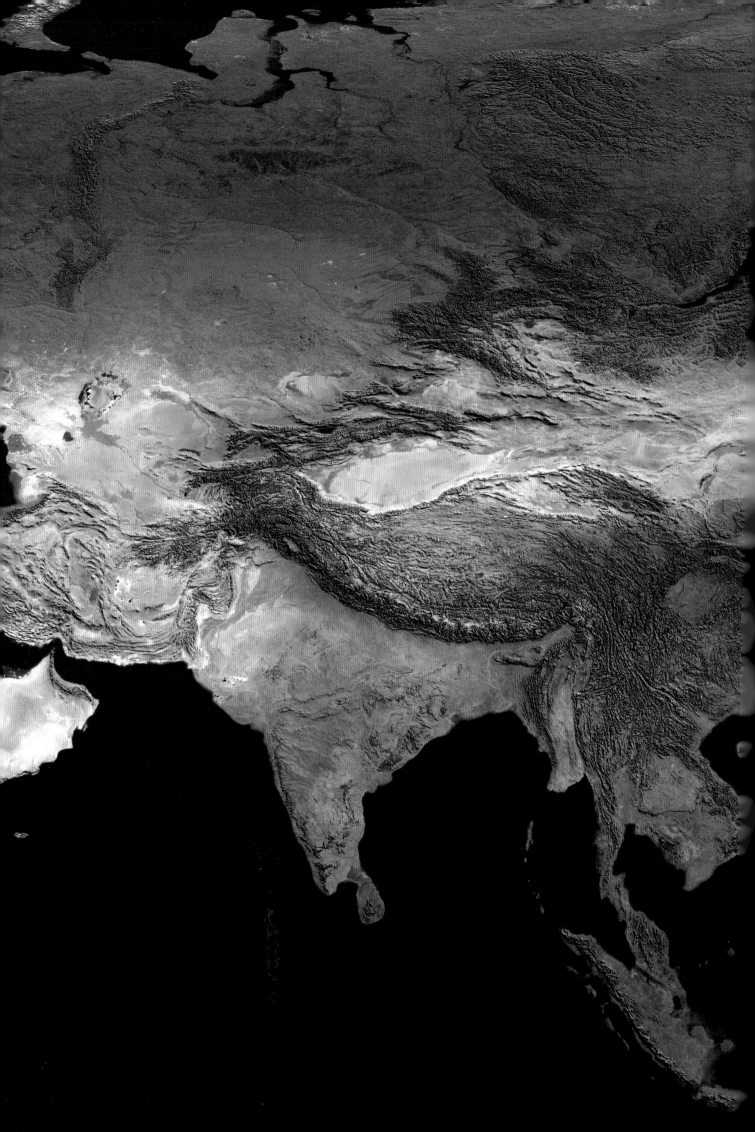

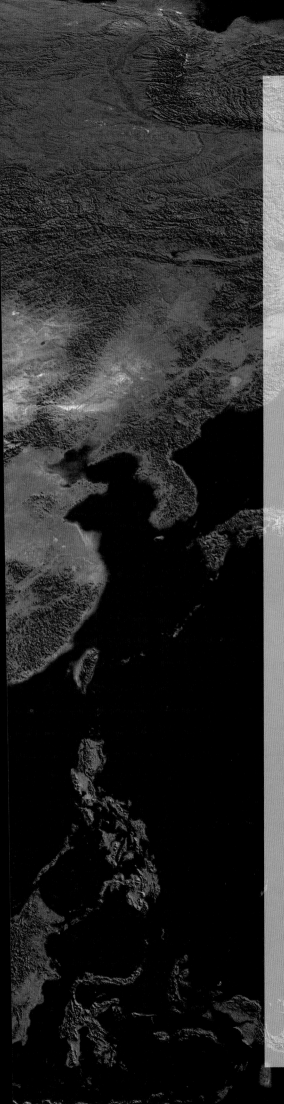

南亞與東亞

南亞和東亞幅員遼闊，地形、文化、種族及氣候類型可說應有盡有。全世界人口最多的兩個國家中國和印度都在這裡，分別為12億3,700萬人和9億8,400萬人。世界人口密度最高的十個國家中就有六個在這裡，新加坡以每平方公里多達2,025人稱冠；但人口密度第三低的蒙古也在此區，每平方公里不到兩個人。中國和印度的國土面積各為960萬平方公里和330萬平方公里，是全世界第三和第七大國。中文是最多人（8億7,400萬人）使用的語言，超過北印度語人口的一倍以上。富庶的東京有3,140萬人口，不難想像會是全世界最大的都會區。然而，南亞與東亞仍有許多雜亂無章擴展的大都市，多數處於貧困狀態，如印尼雅加達和印度新德里、孟買、加爾各答等城市，人口都超過1,300萬人。

在自然環境方面，俄羅斯的維科揚斯克坐落在西伯利亞遼闊的荒野森林中，1933年2月創下極地外的最低溫紀錄：攝氏零下68度；向西南方橫越2,000公里，即可望見全世界最深的湖泊貝加爾湖；繼續朝西南方跨過有「世界屋脊」之稱的喜馬拉雅山脈後，即抵達印度次大陸。印度東北部的乞拉朋吉創下全球最高年降雨量（1860年8月到1861年8月），以及單月最高降雨量的驚人紀錄930公分（1861年7月）。緬甸毛淡棉是全球第四潮濕的居住地，年平均降雨量為487公分。1986年4月，重達1.02公斤的冰雹落在孟加拉的戈帕爾甘傑，造成92人喪生；孟加拉同時也發生過兩次史上最慘烈的風災，1970年造成高達50萬人死亡，1991年又奪走13萬8,000條寶貴的生命。

全球十大高山都在南亞的喜馬拉雅山脈，其中有八座位於尼泊爾境內，包括全世界最高的埃佛勒斯峰（聖母峰），海拔8,850公尺；另外兩座則坐落在巴基斯坦，包括世界第二高的喬戈里峰（K2），海拔8,611公尺。

東亞不但孕育出全世界最古老的中華文化，最年輕的國家東帝汶也誕生於此。該國歷經漫長而艱苦的奮鬥後，終於在2002年脫離印尼獨立，並獲得國際承認。

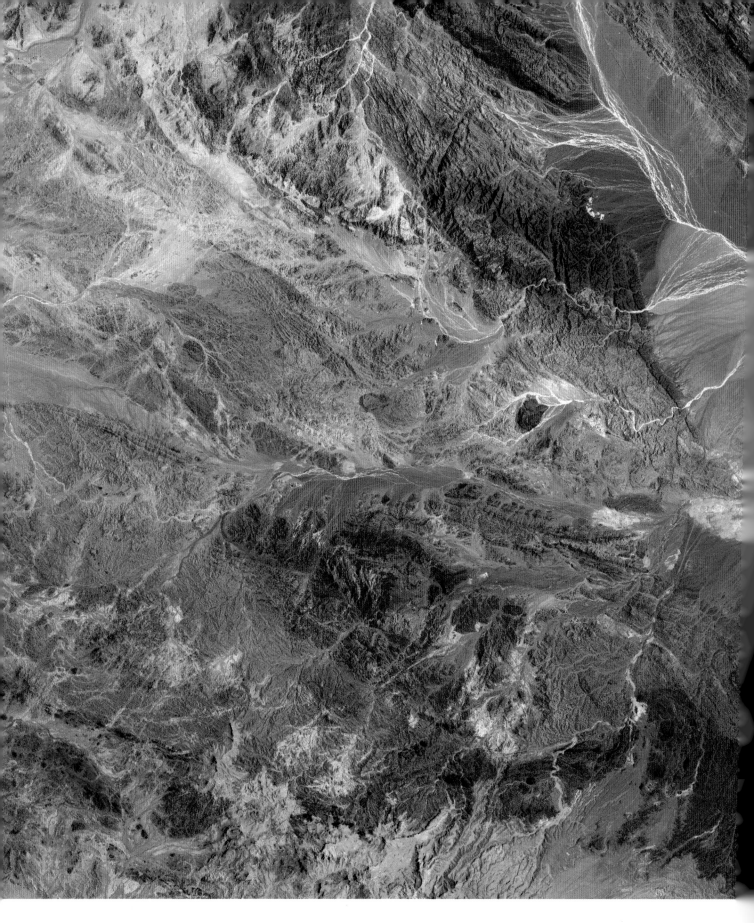

巴基斯坦與伊朗：俾路支

衛星影像技術的諸多功能之一，就是強化或誇大顏色來凸顯特定地
貌，結果就呈現出這幅天然圖案與人工色彩結合而成的抽象畫。上圖
是巴基斯坦邊境的俾路支，影像經過特殊處理而凸顯出歐亞大陸東南
部和「古地中海」微板塊高度變形碰撞帶的岩石種類與結構，其中包
括不少地質斷層。

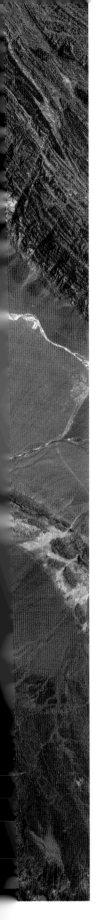

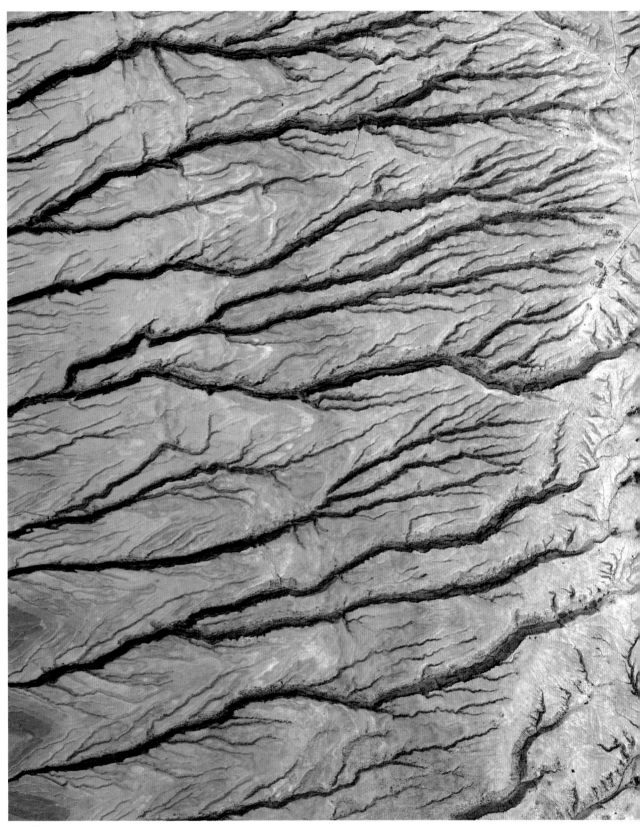

衛星影像由美國太空影像公司中東分部提供

巴基斯坦：基爾塔山脈

此圖涵蓋範圍南北只稍微多過8公里，侵蝕劇烈的排水蝕溝刻畫在基爾塔山脈的低丘上，向東傾斜伸入巴基斯坦信德省肥沃的印度河河谷。這種不尋常的深度，部分是因為急速流動的洪水爆發所致；而零星散布於蝕溝上的紅點則是植被，在相當險惡的環境中頑強求生。

巴基斯坦：印度河三角洲

巴基斯坦的主要港口喀拉蚩，位於印度河三角洲西北方。衛星影像顯示，印度河三角洲已遭受大範圍的環境破壞，印度河是巴基斯坦農業用淡水的主要來源，但不斷築壩致使流量明顯枯竭，導致海水向內陸侵蝕、鹽度增加，進而摧毀了三角洲裡近半數的紅樹林沼澤地，魚群也因此驟減。

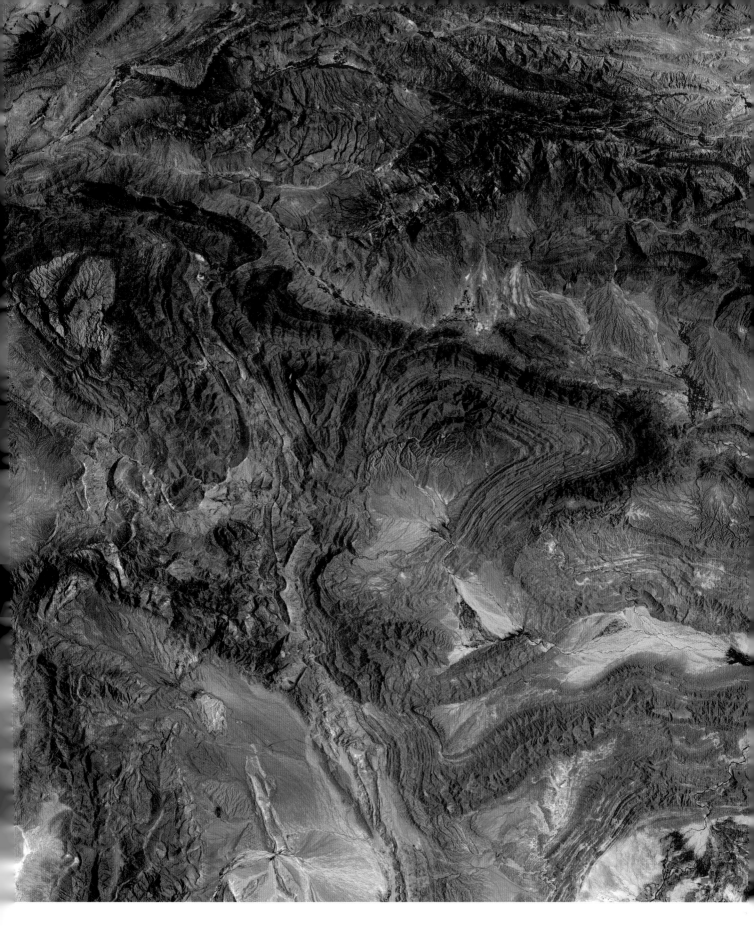

巴基斯坦：俾路支北部

此圖涵蓋範圍南北長約120公里，其中位於巴基斯坦西部的俾路支雖
然距離喜馬拉雅山脈數百公里遠，仍看得出印度次大陸與北邊的亞洲
主陸塊碰撞時所釋放的強大地理作用力。看似冰河的綠色蜿蜒路徑，
呈現出陸地持續進行褶曲運動下，地質學家所謂「疊加褶曲」的不同
變形階段。

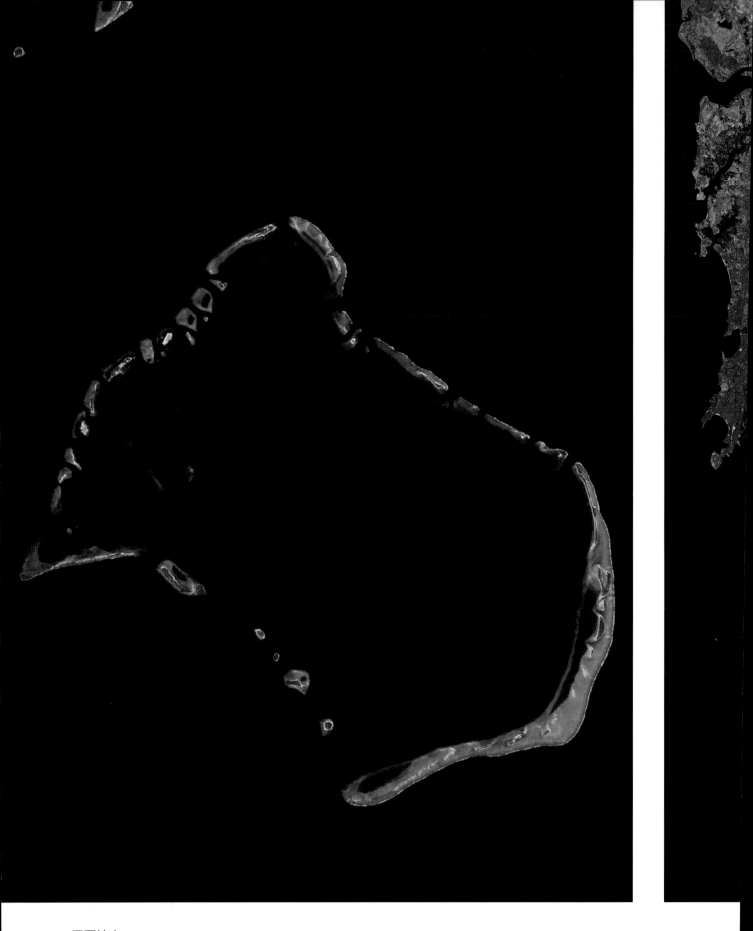

馬爾地夫

馬爾地夫位於印度西南方的印度洋上，群島連串綿延數百公里，總人
口28萬6,000人，光是首都馬律就有81,000人。近1,200座島嶼組成26
個特色鮮明的熱帶珊瑚環礁群（圖中只顯示其中之一，紅色斑點是茂
盛的熱帶植被），其中只有200座小島上有人居住，沒有一個島高於海
平面1.8公尺以上。昔日捕魚是馬爾地夫唯一的經濟活動，現在則以
旅遊觀光業爲主。

印度：孟買

以實際城界裡的居民來計算，島城孟買（圖左上角）的總人口高達
1,210萬人，是全世界最大的都市。由於從中東和歐洲進出孟買相當
容易，再加上擁有絕佳的天然港灣，因此數百年來孟買的戰略地位都
非常重要。該城南邊是極富熱帶色彩的鋸齒狀海岸，內陸則是侵蝕嚴
重、盤踞於印度西岸的西高止山脈。

印度：亞格拉的泰姬瑪哈陵

96　　泰姬瑪哈陵位於舊都德里東南方200公里處，就建於亞格拉的雅木納
　　　河畔，係由蒙兀兒帝國最偉大的皇帝沙加罕（意為世界之王）下旨興
　　　建，以紀念為他生養了14個子女的愛妻慕塔芝瑪哈。此陵墓於1649年
　　　完工，為蒙兀兒時期極致建築工藝的典範，結構細膩且平衡精準，氣
　　　氛肅穆而莊嚴。圖正中央是崇敬花園。

印度：韋利貢達嶺

韋利貢達嶺位於印度東南部的安得拉邦,在馬德拉斯西北方約150公里處,並形成東高止山的側翼,盤踞於印度東海岸。圖中可以清楚看到山脈從右下斜向左上角,可能已有5億4,000萬年的歷史,現在只留下侵蝕過的殘缺地貌。右上方爲本內爾河,於內洛爾出海。

尼泊爾與西藏：埃佛勒斯峰（聖母峰）

喜馬拉雅山脈與毗連的喀喇崑崙山和興都庫什山脈，為全世界最高也是第三長的山系，由西向東綿延3,860公里。全世界最高的埃佛勒斯峰海拔8,850公尺，位於尼泊爾和西藏邊界上的喜馬拉雅山往東約三分之二處；畫面中間偏北由陰影形成的倒三角形頂點即為頂峰。

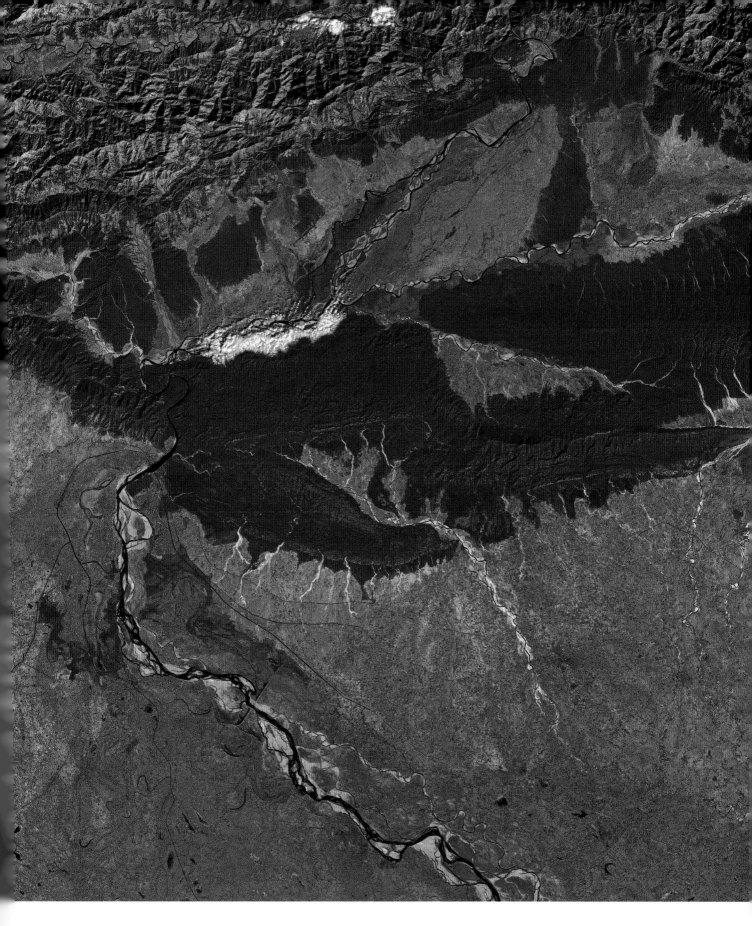

印度與尼泊爾：干達克河

干達克河從喜馬拉雅山飛濺而下，向南經尼泊爾流入印度，於印度北部的北方邦進入平原後流速趨緩，分散出諸多水道並有大量沉積物淤積（即圖中淡藍色部分），最終匯入恆河。畫面北邊可以清楚看到喜馬拉雅山脈，橫貫本圖的側翼上出現了暗紅色地帶，此為茂密的森林，顯眼的白色區塊則是霧。

不丹：冰河地形

圖中所示是喜馬拉雅山脈裡的小國不丹，國境內的冰河景觀凸顯出全球冰河地形正以空前的驚人速度急遽融解中，這是漸受世人關注的普遍現象，一般認爲是全球暖化所造成。衛星影像清楚觀測到冰河表面不斷增加的湖泊數量，即爲最佳佐證，因爲只有融冰速度加快時才會產生這種景象。

印度與孟加拉：恆河三角洲

恆河三角洲是全世界最大卻
也是最不穩定的三角洲，經
常遭受到強烈風暴與洪水侵
襲，光是1970年估計就有高
達50萬人在毀滅性的水災中
喪生。這張恆河出海口的鮮
明影像，涵蓋範圍東西長約
145公里，紅色部分都是植
被，主要包括紅樹林及其他
類型的沼澤地；北邊多數已
開墾供農業使用。

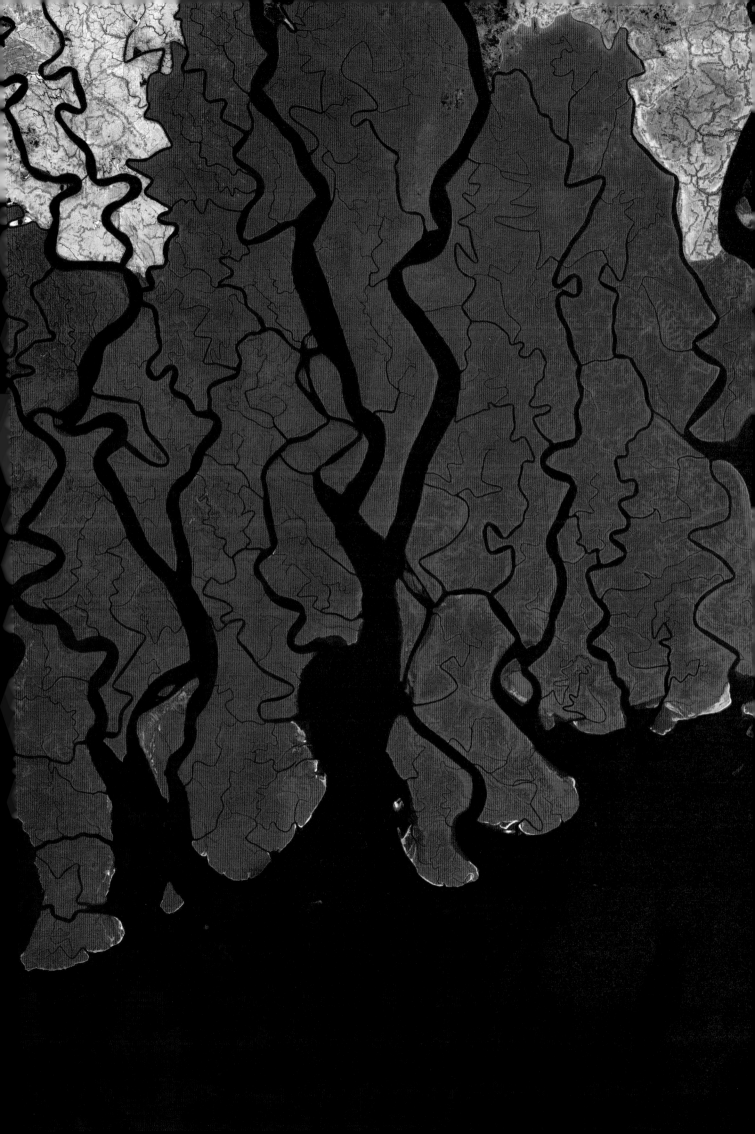

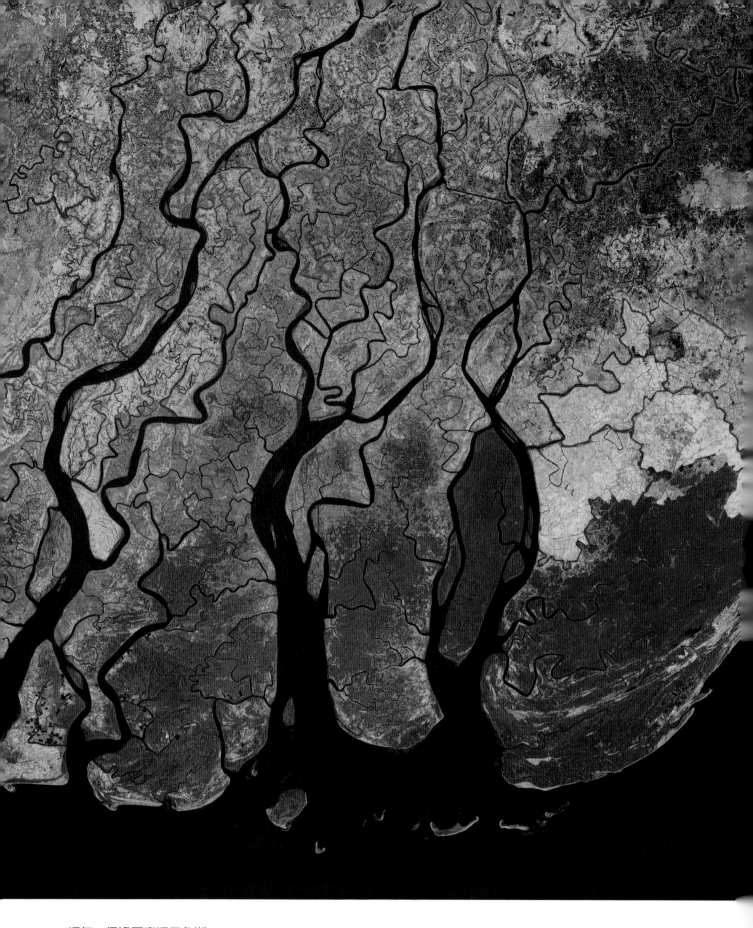

緬甸：伊洛瓦底江三角洲

緬甸遼闊的伊洛瓦底江三角洲、印度和孟加拉的恆河三角洲以及越南的湄公河三角洲是重要的黃金鐵三角，地勢低窪、土壤肥沃。恆河和伊洛瓦底江三角洲還遍布著濃密的紅樹林沼澤地，即圖中的亮紅色區塊，至於海中的淺藍色部分則為富含沉積物的出海河水。此區遍地可見扇狀濕地、牛軛湖、小島及蜿蜒曲折的溪流，地貌變動不斷。

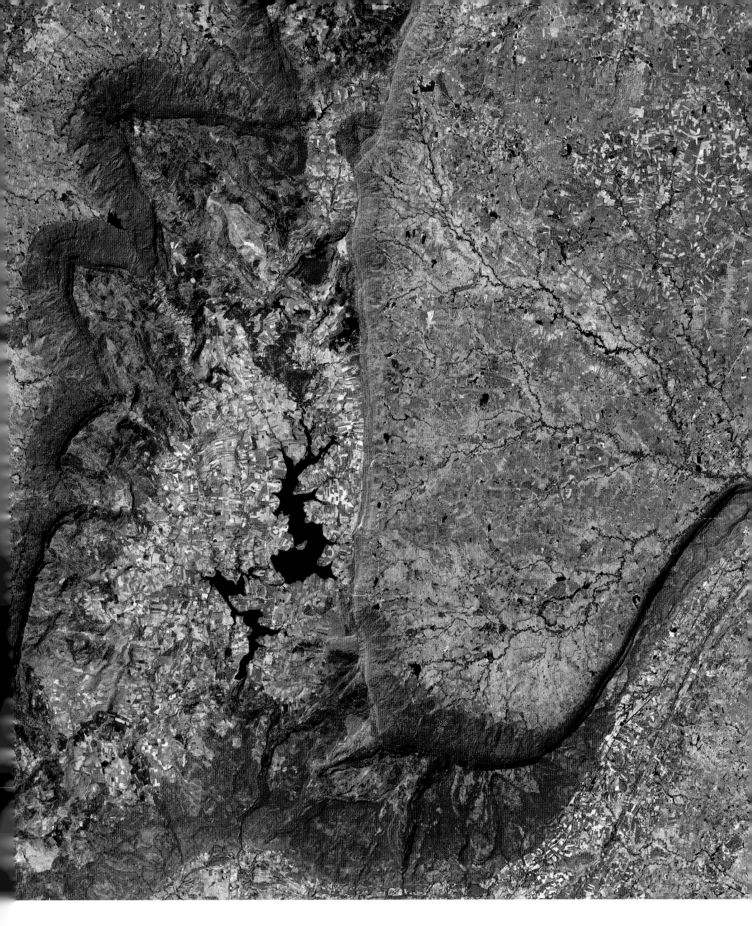

泰國：差雅蓬省

上圖涵蓋範圍南北長約45公里，是位於泰國中部、物產豐饒的差雅蓬省。左邊不規則形區域是高原，紅色邊界為濃密的植被，同樣呈紅色的還有一畝畝的農地與若干湖泊。右邊低地上是縱橫交錯的河川，南端以一懸崖為界；右上方則是分布更為密集的農田。

衛星影像由美國太空影像公司

新加坡

新加坡是全球人口密度第二高的國家（總面積約699平方公里，總人口448萬3,900人，每平方公里超過6,000人），同時也是全世界兩個達到完全都市化的國家之一（另一個為梵蒂岡），每位國民嚴格來說都住在新加坡「市」內。自1965年獨立以來，新加坡的發展突飛猛進，1996年更躍升為全世界第六大繁榮富裕的國家，成為現代繁華國際都市的楷模。

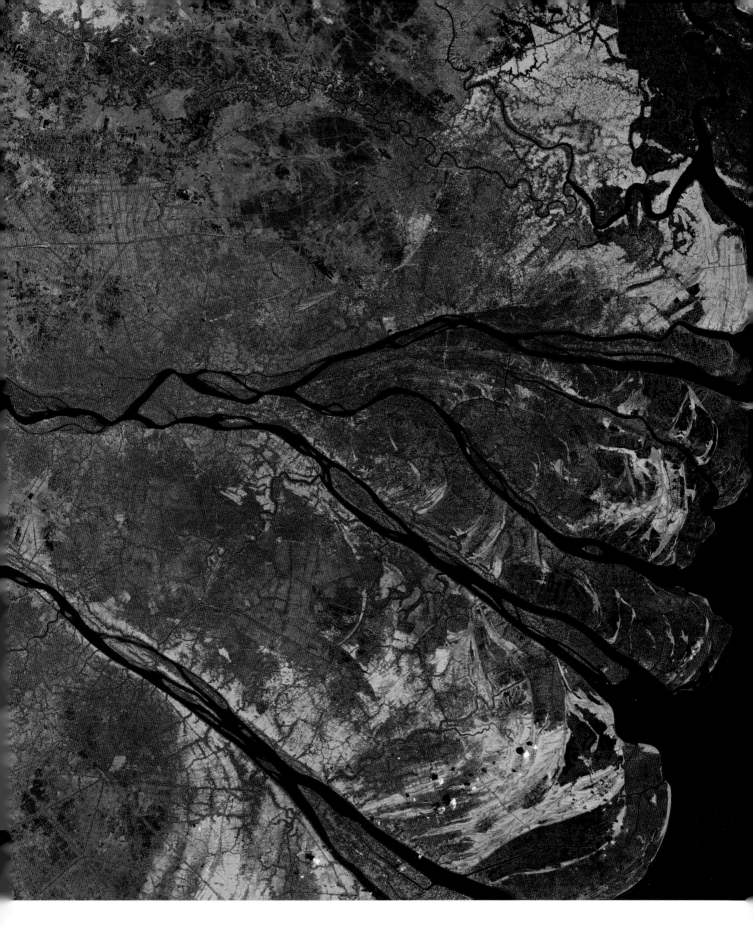

越南：湄公河三角洲

流域廣大的湄公河發源於喜馬拉雅山脈，穿過如迷宮般糾結纏繞的河道和小島後匯入南海，富含沉積物的河水使三角洲地帶成為米鄉澤國。此區完全以農業為主，供養越南1,500萬人口，其他產業微不足道。此圖涵蓋範圍南北長約160公里，紅色部分為植被。

中國：喜馬拉雅山脈

喜馬拉雅山脈幾乎占據了西藏全境，西藏自1950年起即由中國強制併
入版圖。這張驚心動魄的衛星影像，紅白相間的不規則形色塊是山脈
東端高聳入雲、白雪皚皚的峰脊；幾條急湍也清晰可見，為長江的源
頭。長江總長約6,300公里，是中國第一長河，世界排名第三。

中國：吐魯番盆地

吐魯番盆地（或稱吐魯番窪地）坐落在博格達山腳下的塔克拉瑪干沙漠北緣，低於海平面154公尺，是全球第三低的地方。該盆地同時擁有鹽丘和沙丘兩種罕見地形，分別以圖片左下角的鹽湖以及右下角如波浪起伏的沙漠區為代表。此圖涵蓋範圍南北長約130公里，上半部即為博格達山脈。

中國：甘肅省安西地區

這是中國中北部甘肅省的安西地區，涵蓋範圍遼闊，南北長約150公里。貫穿全圖的東西向河川是黃河支流之一的疏勒河，畫面頂端和底部可以見到無數河流，灌溉出青翠繁茂的河谷。最令人驚嘆的是畫面中央壯觀的扇形系統，係由來自祁連山的雪水逕流所挹注（譯按：融雪的水無法完全被土壤吸收時就會匯集為逕流）。這張似無定貌的影像，完全反映出整個水系的實際狀況。

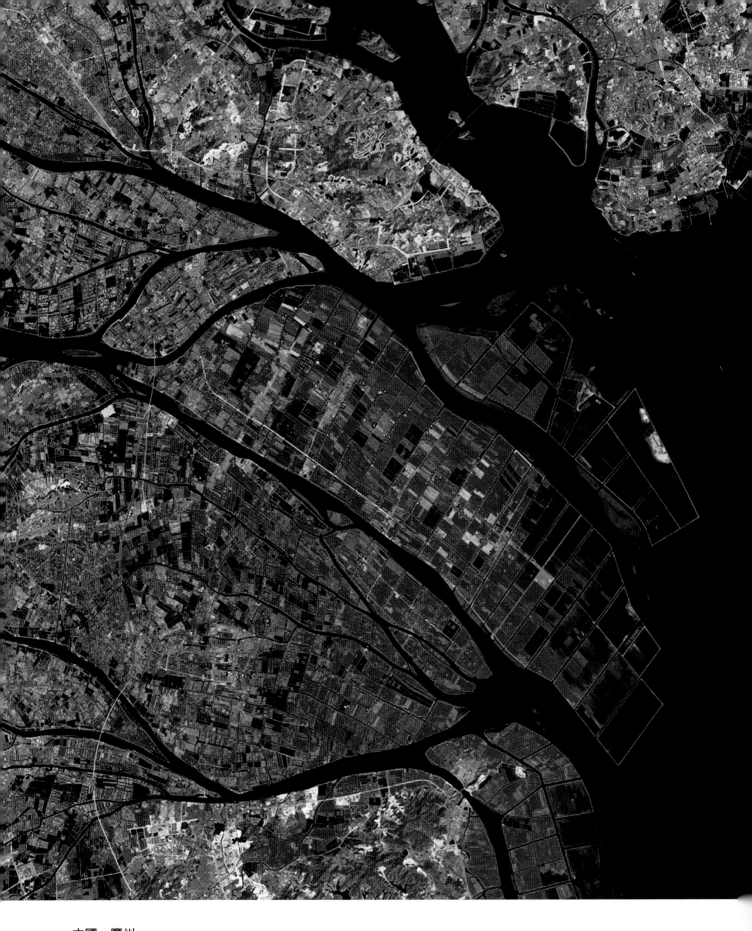

中國：廣州

廣州是中國廣東省的省會,是中國第三大城,總人口超過600萬,為重要的產業重鎮。坐擁珠江口的優越位置,使這個城市成為中國南部最重要的深水港。廣州的經濟能夠起飛,部分要歸功於鄰近的香港(香港位於廣州東南方僅60公里)。特別的是,廣州城內的農業活動也相當興盛,圖下方的紅色區塊就是農田。

中國：香港

香港就是畫面中央偏下方的大島，地形崎嶇多山，為組成香港半島的
眾多島嶼之一。香港是撐起中國經濟的主要城市，工商業都居於龍頭
地位。雖然人口密度也擠進世界前幾名（譯按：地區人口密度排名世
界第三），但全境卻有75％的土地都是保留區，因此成為亞洲環境破
壞度最低的大都會。

113

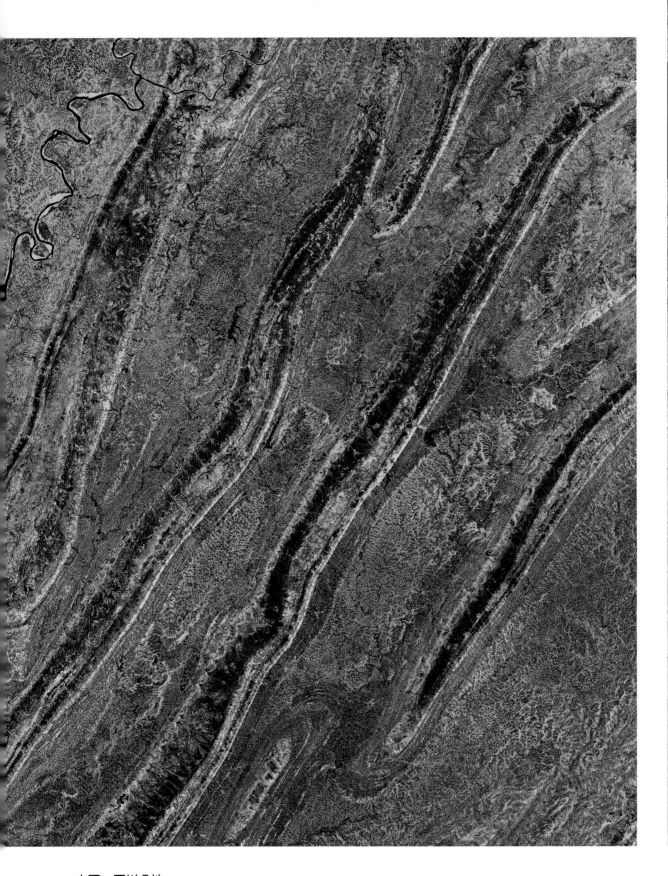

中國：四川盆地

此圖涵蓋範圍南北長約120公里，圖中所示是位於中國中南部的四川盆地。醒目的斜向紅緣山脊稱爲「背斜層」，係因地球板塊碰撞擠壓迫使地殼隆起而形成，幾乎呈規則形的鋸齒狀邊緣是此類地形獨有的特徵；而這些褶曲之間的凹陷部分則稱爲「向斜層」，經常蘊藏著豐富的石油或天然氣。

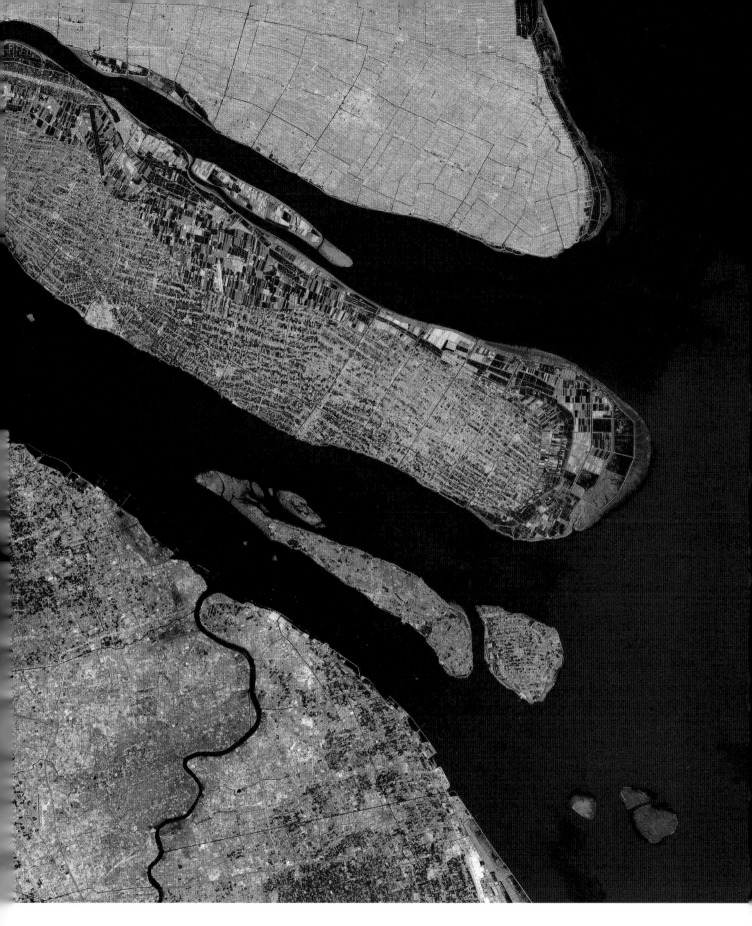

中國：上海

十九世紀以前，上海還是個無足輕重的地方，直到歐洲列強叩關侵略
中國後，這個城市才逐漸蛻變爲經濟龍頭，如今繁華的十里洋場已成
爲全中國最大的都市（大都會區的人口目前已超過1,860萬）、最重要
的金融中心暨主要深水港；畫面下方的黃浦江流經全市，並由此注入
長江口。

115

中國：北京

116　　此圖涵蓋範圍南北長約120公里，由這張綜覽圖可以看出中國首都北京在地理上的劇烈變化。雖然坐落在平坦的海岸平原邊緣，西北兩面卻有地形崎嶇的太行山脈盤踞（即斜向橫跨畫面的部分）。畫面中央偏下方清楚呈現北京市區的景象，周圍密集的紅色及淺藍色斑點是無數的大型農業區。

北京：紫禁城

占據整個畫面上半部的紫禁城位於北京市中心，於1420年明朝時告
竣，為天子號令四方統攝天下的中樞，也是皇室家族居住之處，門禁
相當森嚴，唯有大內人物才能進出。紫禁城四面都是9公尺的高牆，
總長超過3,350公尺；南邊是同樣建造於明朝的天安門廣場，面積共
44公頃，一般都認為這是全世界最大的廣場。

衛星影像由國家太空中心與台師大福衛二號影像加值處理分送中心提供

台灣

台灣四面環海，東臨遼闊的太平洋，西隔寬約200公里的台灣海峽與
中國大陸遙相對望，北面則為東海，南以巴士海峽分隔菲律賓群島。
全島山多地狹，南北縱走的山脈以中央山脈為主幹，高度向東西兩側
逐漸降低為丘陵或台地，最後由河流沖積為低平寬廣的平原。目前台
灣都市化程度高達70%以上，有台北、台中及高雄三大都會區，總人
口數逾2,200萬，多集中於三大都會區，人口密度每平方公里617人。

南韓：首爾

首爾為南韓首都及第一大城，坐落在畫面右方由漢江形成的特殊W形
淺灘上，大都會區擁有近2,000萬人，逼近全國總人口的一半。最大
港仁川位於首爾西邊的漢江口上，延伸出去的橘紅色區域是森林，深
紫色部分則是水稻田。

日本：九州

九州是日本四大島中最南端的島嶼，面積排名第三，人口密度卻最高。島上主要地形為火山和山脈，偏北中心處為阿蘇山，是全世界擁有最大火山臼的活火山，裡面可以居住5萬人。南端冒煙處為櫻島火山，造就出不少知名溫泉。畫面最上方還可看到一小部分的本州（日本的最大島），隔著狹長的下關海峽與九州相望。圖中的淡綠色是都會區，九州的第一大城是北海岸的福岡市。

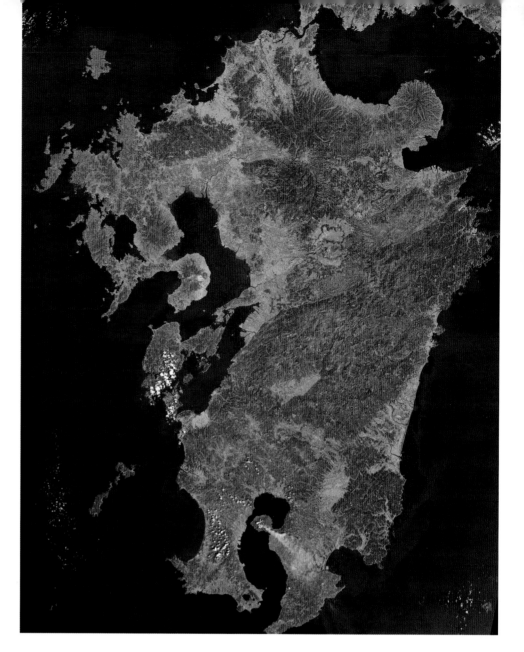

日本：東京

東京是日本首都，大都會區總人口高達3,140萬人，占日本總人口的四分之一，也是全世界最大的城市。在行政區域畫分上，包括二十五個市、五個鎮和八個鄉，涵蓋面積達2,187平方公里。十八世紀的東京（當時稱為江戶）人口已突破百萬大關，戰後人口更是暴增，與日本經濟同步成長，市中心的房地產價格光是在1986年就漲了一倍。

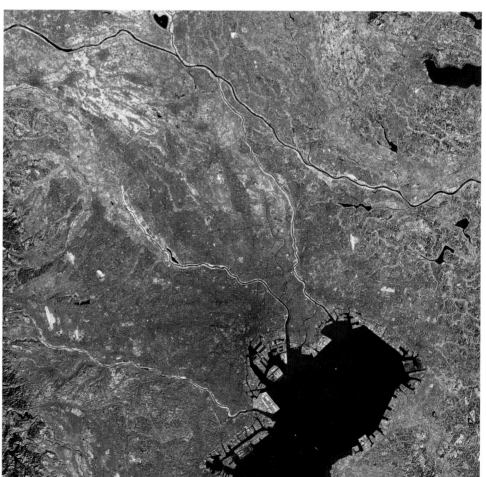

日本：札幌

札幌是北海道的第一大城，也是全日本發展最迅速的都市之一，坐落在石狩川西南方。北海道為日本第二大島，在四大島中位居最北端，上圖所示為北海道的西南角，涵蓋範圍南北長約230公里。內陸的崎嶇火山數處覆蓋著白雪，包括圖左中央清晰可見的火山羊蹄山。儘管島嶼南端多半不宜人居，卻成為主要的農業中心，右上角的紫色區域就是石狩川沿岸的水稻田。

俄羅斯：堪察加半島（夏季）

崎嶇多山的堪察加半島位於俄羅斯東部，伸入太平洋，總長1,200公里，東岸就有28座活火山，整個半島更有多達300座死火山。此區天然資源豐富，尤以礦藏為盛，唯地處偏遠又不宜人居，因此開發多所受限，至今仍以漁業為主要的經濟活動，總人口38萬7,000人中就有過半數住在東南岸的港市堪察加彼得帕夫洛斯克，也是全島唯一的重要城鎮。

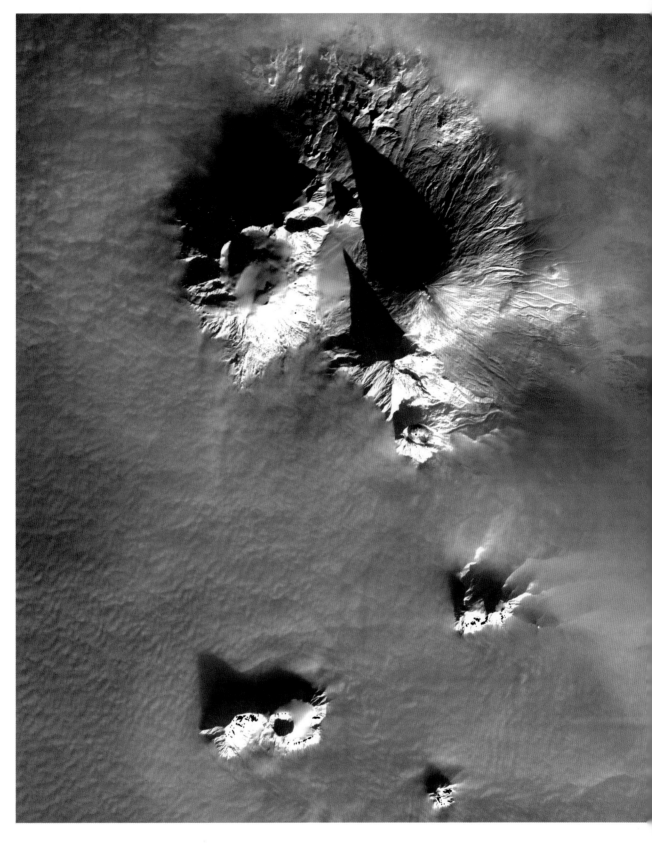

俄羅斯：堪察加半島（冬季）

上圖是左頁圖中高聳入雲的火山峰頂，最上方為堪察加半島上最大的留契夫斯卡雅火山。這座火山位於太平洋海岸邊的東側山脊上，海拔4,570公尺，自2003年起活動有明顯增加的跡象，專家認為從1920年代噴發至今，早已超過火山活動周期，因此預測不久會再爆發。南邊是較小的貝濟米亞尼火山，同樣日益活躍，圖中可看到從峰頂冒出的一小片灰煙。

俄羅斯：堪察加半島

堪察加半島面朝鄂霍次克海的西岸屏障較多，面向白令海的東岸則較
為崎嶇暴露，雖然位於北極圈南端，冬季仍極為嚴寒，山谷裡盡是冰
河地形。上圖所示是半島最東北端，涵蓋範圍南北長約25公里，可以
看到藍色的冰河冰旋入白令海。

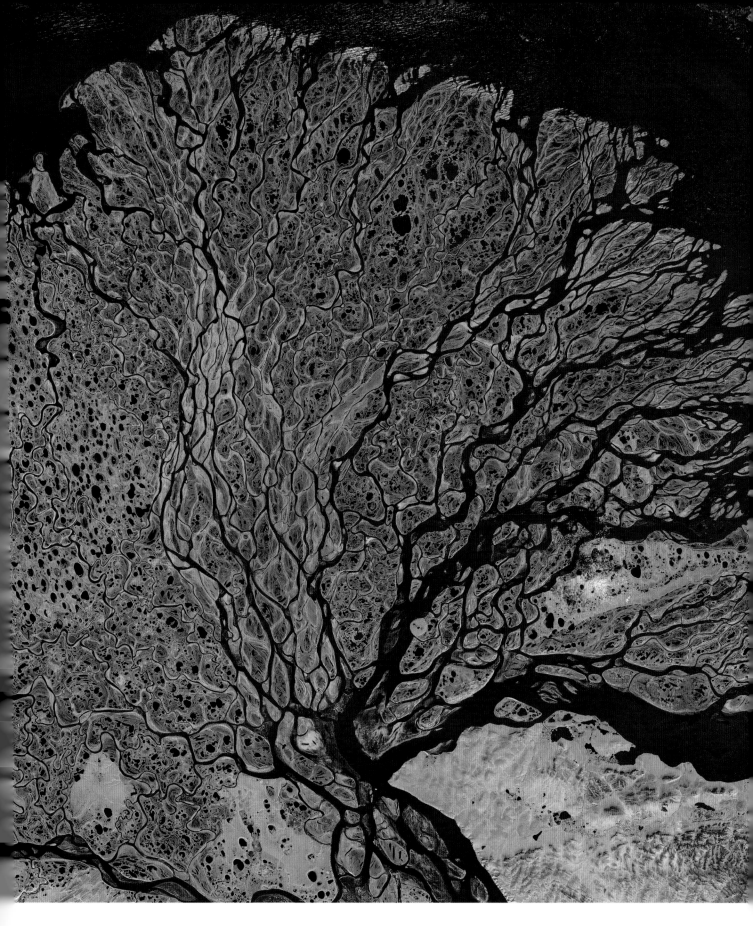

俄羅斯：勒那河三角洲

這張影像生動的捕捉到了西伯利亞勒那河三角洲的抽象之美，涵蓋範圍南北長約160公里。勒那河的長度世界排名第十，從南西伯利亞向北流入北極海，總長4,400公里；三角洲則寬達400公里，終年有九個月的期間都是冰封大地的荒原，七月到九月則會變身為植被繁茂的濕地，供許多物種賴以維生。

125

非洲

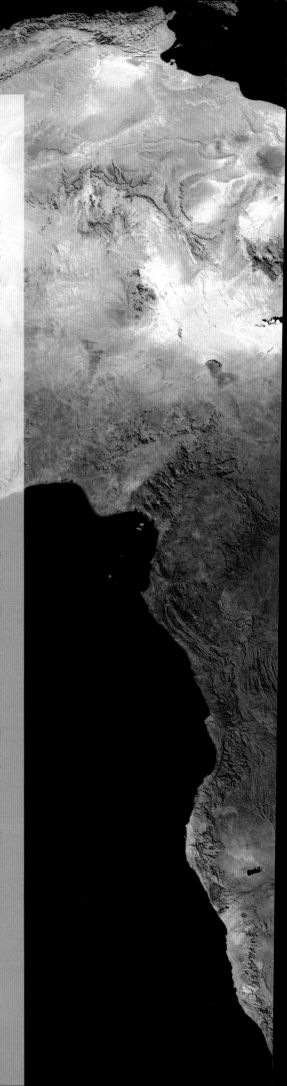

非洲的地理條件並不好。雖然是世界第二大洲,總陸地面積達3,000萬平方公里,人口逼近8億,但海岸線與陸塊比例卻是各洲中最小的,因此非洲的天然港灣比其他洲來得少,與外界的接觸也相對困難。再者,非洲雖然有不少河川,理論上來說應該有助於深入內地,但實際上卻只有少數幾條能從海口輕易通行,由於內陸有許多高原幾乎延伸到海岸,使剛果河等大河在經過一連串陡降的瀑布後直接沖刷入海,根本無法航行。

北邊的地中海沿岸與尼羅河谷,情況就全然不同。在古文明世界裡,這些地區共享共榮,例如埃及就對古文明的發展有決定性的貢獻。但即使在這裡,仍深受地理不便之苦,因為正南方就是面積廣達910萬平方公里的撒哈拉沙漠,這個全世界最大的沙漠幾乎全是杳無人跡、飛沙走石的荒地。約六千年前,這裡仍遍地沃土,但自從沙漠化情形日趨嚴重後就無可回復,現在撒哈拉沙漠每天仍以長達5.5公尺的速度向南蔓延。難怪,世界人口密度最低的國家中有幾個就坐落於此。

由於以上諸多不利的地理因素,加上幅員遼闊以及撒哈拉沙漠以南地區熱帶疾病猖獗,使得非洲有許多地方長久以來幾乎與外界隔絕,這種情況直到十九世紀才有改變。事實證明,要迎頭趕上絕非一蹴可幾:全世界最貧窮的國家中有六個就在非洲,包括最窮困的獅子山和蒲隆地。在波札那,國民平均壽命只有32歲,而尼日的國民識字率則還不及14%。

非洲的尼羅河是全世界最長的河川,從世界第三大湖維多利亞湖一路向北奔流6,863公里,最後注入地中海。非洲最高山是坦尚尼亞境內的吉力馬札羅山,海拔5,895公尺,幾乎橫跨赤道;最低點則是位於吉布地的阿薩爾湖,低於海平面153公尺。

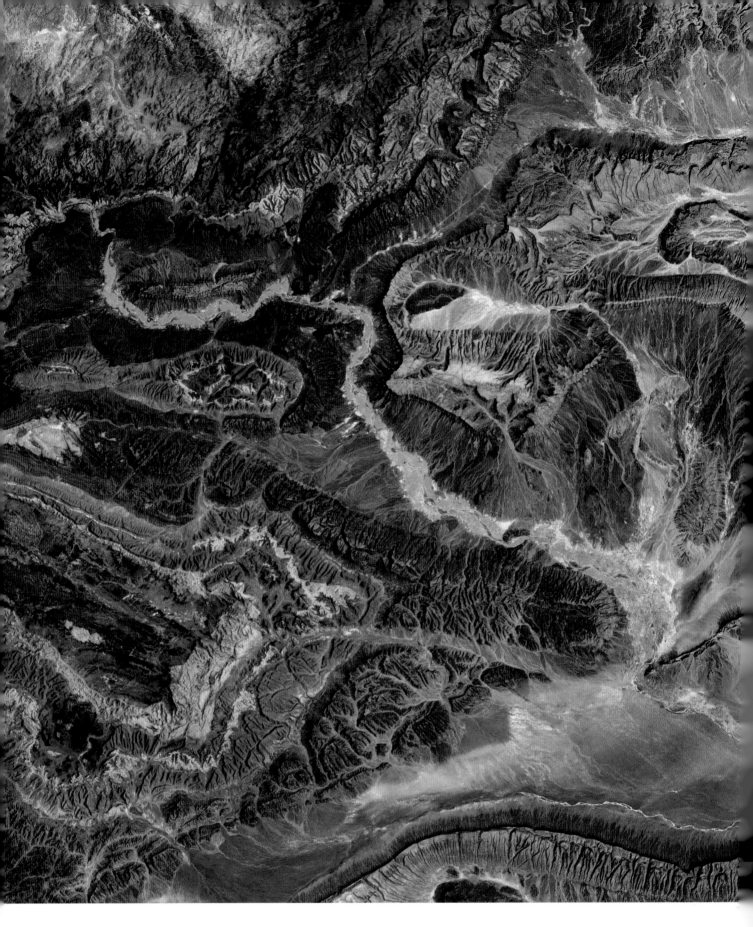

摩洛哥：內亞特拉斯山南部

亞特拉斯山脈沿著大西洋海岸線伸展，貫穿摩洛哥全境。此圖涵蓋範圍南北長約120公里，圖中所示是亞特拉斯山脈南段的內亞特拉斯山，特別強化色彩對比來凸顯不同的岩石種類與結構。最醒目的顏色是圖左中央的淡綠色邊緣，這是岩層遭受擠壓而隆起的「背斜層」，正進行著褶曲運動。蜿蜒繞過圖區的鮮綠色則是沿河的植被。

摩洛哥：內亞特拉斯山

上圖所示是盤踞在摩洛哥西南部的內亞特拉斯山，涵蓋範圍南北長約120公里，和左頁圖一樣都刻意強化處理顏色，以凸顯此區複雜的地質結構。山地高度從這裡開始朝撒哈拉西部和阿爾及利亞邊界遞減，畫面上方的暗綠色區塊爲背斜層，下方紫色部分則是一連串的「向斜層」，也就是褶曲運動時岩層凹陷之處。

茅利塔尼亞：沙丘

上圖具有催眠效果的圖案係由線形沙丘所形成，這是地球上涵蓋面積最廣的沙丘型態，平行背脊有時可以寬達數公里，但永遠是長度多於寬度，綿延100公里已不足爲奇。一般都認爲這種地貌是風力作用所形成，但對於形成方式則說法分歧，大致可分爲風從單向或多向吹兩種說法。

茅利塔尼亞：里查特結構體

位於茅利塔尼亞中部茅阿德拉爾沙漠的里查特結構體，乍看之下像極了隕石坑，最初也被誤認為是隕石撞擊所造成，但其實是火山丘硬化並遭侵蝕後而露出洋蔥圈般的岩層。這個直徑將近50公里的「牛眼」，在單調遼闊的沙漠中看起來非常搶眼，長久以來都被繞行地球的太空人視為重要地標。圖中綠色部分是植被，一看就知道此區有多麼貧瘠。

阿爾及利亞：
東大沙漠的星丘

東大沙漠是地貌單調的低地，橫越阿爾及利亞東部向南延伸，壯觀的沙丘群在撒哈拉地區，面積僅次於利比亞沙漠。此圖涵蓋範圍南北長約60公里，圖中是令人嘆為觀止的星丘（或稱為「金字塔」沙丘）景象，有些證據顯示這些沙丘是由不同方向的風力所形成。這些難以計數的沙丘各自獨立，和撒哈拉沙漠其他地區所見的線形沙丘截然不同。

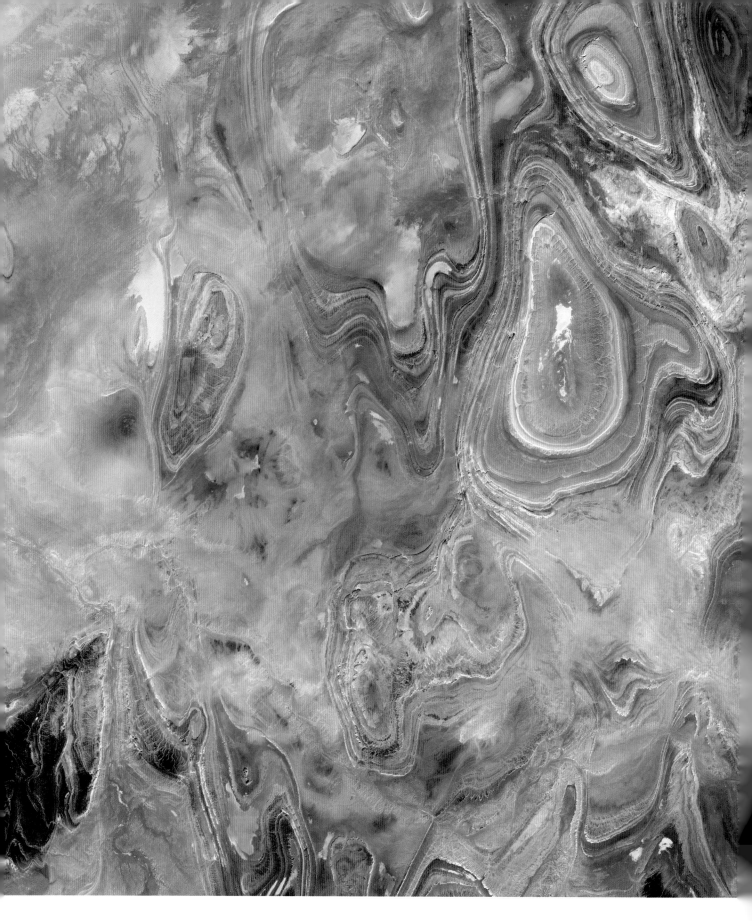

阿爾及利亞：米可罕乾鹽沼

上圖的魔幻畫面，由細長又多層次的漩渦與環圈組成，部分是刻意強化或扭曲顏色明暗度所造成，目的在凸顯地質特徵；另一部分則是地質特徵所致，環狀結構為一連串的背斜層和向斜層，也就是地殼的隆起與落陷，地質年齡可溯及三億年前。此圖涵蓋範圍南北長約120公里，淺藍色區塊是鹽磐。

利比亞、阿爾及利亞與突尼西亞：吉達米斯和東大沙漠

此圖涵蓋範圍南北長約120公里，呈現東大沙漠裡三種典型的地貌。
岩質區：底部大範圍的橘紅色區域及右上方的偏綠部分，主要由岩石
構成；石質區：岩質區內的低地平原上礫石遍布；左上角則為沙質
區。圖右上角的蝕溝為乾涸水道，可以證明至少在七千年前降雨量比
現在多。底部的藍綠色塊是鹽磐。

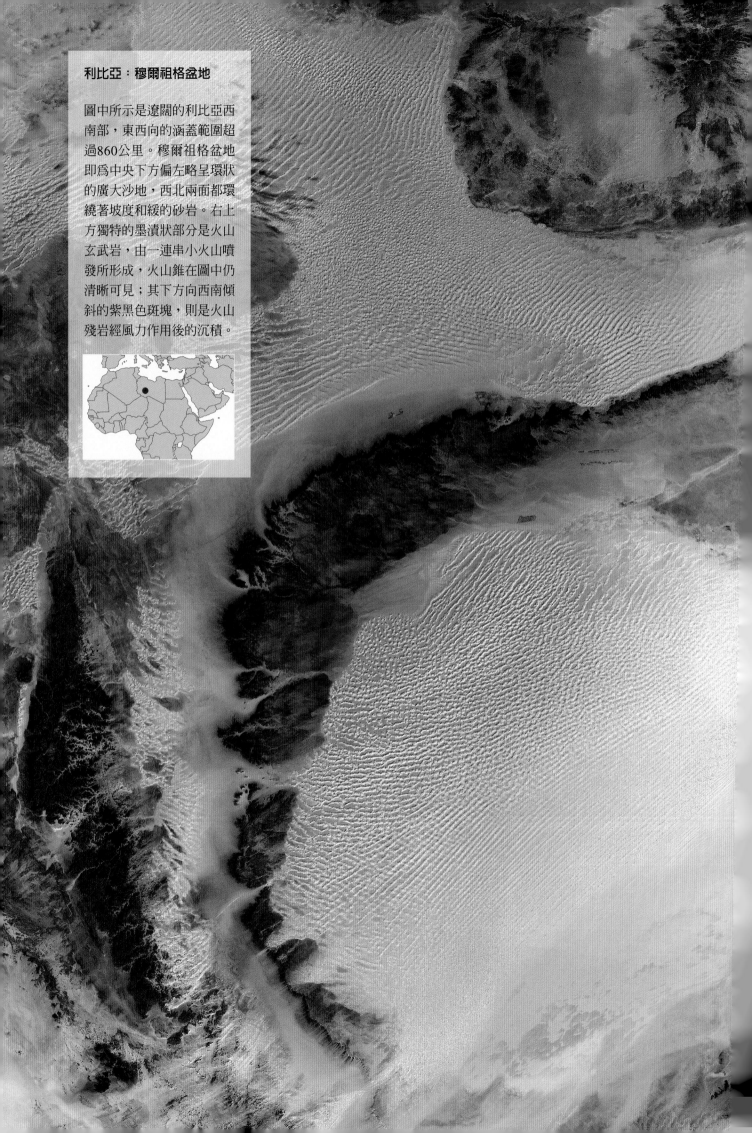

利比亞：穆爾祖格盆地

圖中所示是遼闊的利比亞西南部，東西向的涵蓋範圍超過860公里。穆爾祖格盆地即為中央下方偏左略呈環狀的廣大沙地，西北兩面都環繞著坡度和緩的砂岩。右上方獨特的墨漬狀部分是火山玄武岩，由一連串小火山噴發所形成，火山錐在圖中仍清晰可見；其下方向西南傾斜的紫黑色斑塊，則是火山殘岩經風力作用後的沉積。

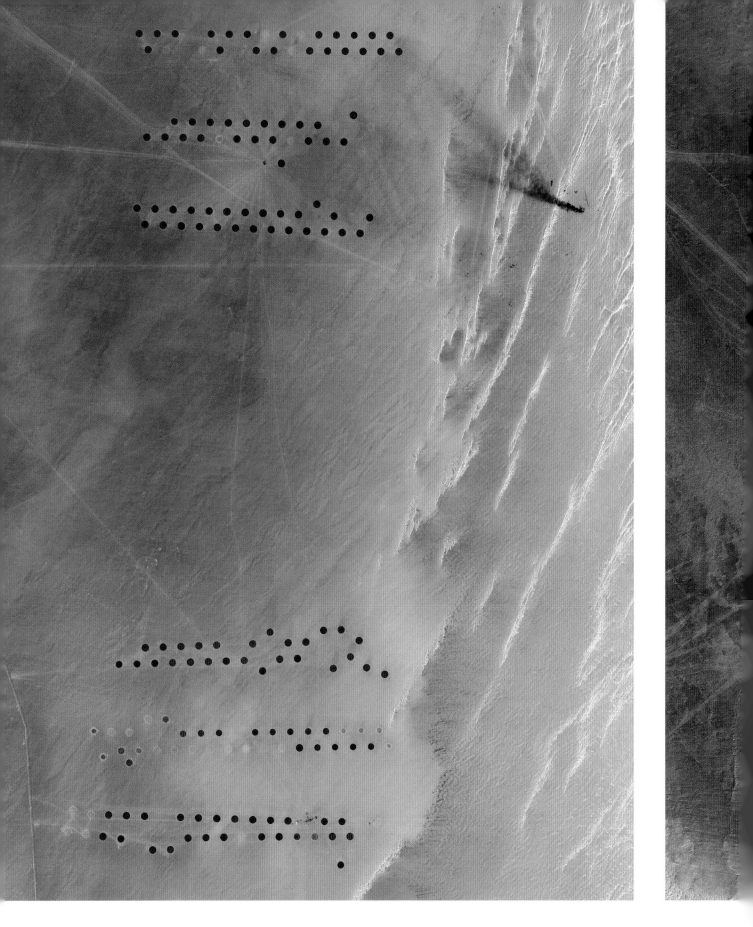

利比亞：庫夫拉區

　　庫夫拉區位於利比亞東部的沙漠荒原深處，除了有豐富的原油蘊藏外，也擁有大量的地下水庫（這些都是上一個冰河期結束後，撒哈拉地區轉趨濕潤的氣候所遺留下來的寶貴資源）。圖中的紅點是環狀農田，每塊直徑約1公里，以中心軸自動灑水灌溉系統抽取地下水來灌溉，植被以紅色顯示。畫面右上角是油井口燃燒油氣所產生的黑煙。

利比亞：奧季拉鎮

石油撐起利比亞體質欠佳的經濟，占全國強勢貨幣收益的95%，是非洲最大的產油國，領先奈及利亞和阿爾及利亞。勘測後發現，利比亞擁有360億桶石油儲量，是全球排名第八大的石油國家，占世界總量的3.5%。利比亞境內有14座主要油田，一般認為該國仍蘊藏大量原油有待發掘，目前已開採的油田可能僅占其總儲油量的25%。上圖是連接油田的道路網，這些油田都位於東北部艾季達比耶省的岩原上。

利比亞、尼日與查德：撒哈拉沙漠中部

　撒哈拉沙漠中部，介於西邊阿爾及利亞的霍加爾山脈和東邊查德北部
較高的提貝斯提山脈之間。圖中所示是接近利比亞、尼日和查德三國
的交界地帶，涵蓋範圍南北長約80公里。全境以岩質地為主，和北邊
遼闊的沙海地貌不同卻一樣荒蕪，岩床明顯呈南北向延展。黃色細線
是沙粒所形成的條紋。

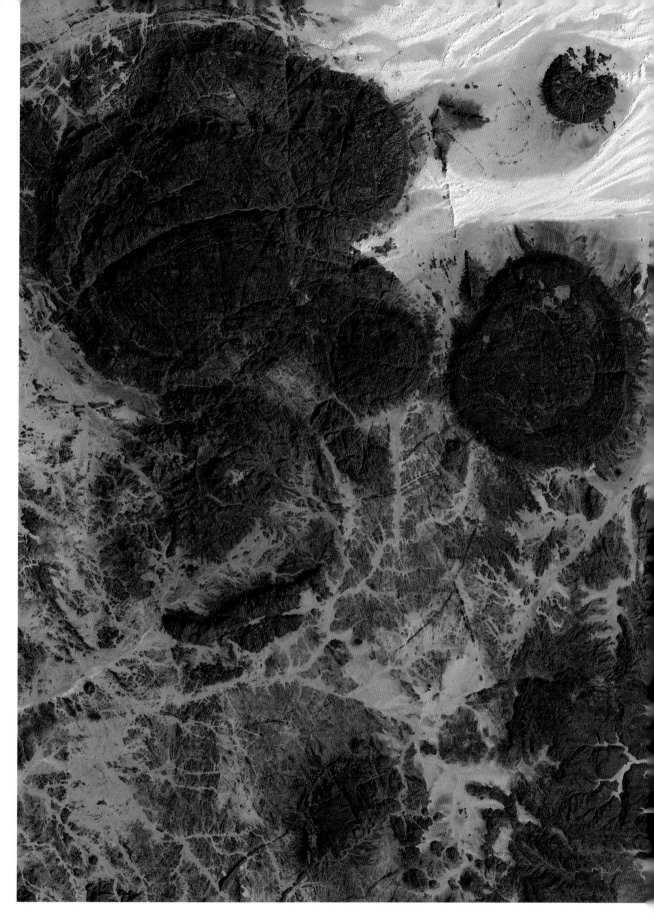

尼日：撒哈拉沙漠南部

內陸國尼日是全世界最貧窮的國家之一，國境內有五分之四都是沙漠，總面積127萬平方公里中，只有區區660平方公里有水源灌溉，即使是較肥沃的南部地區也以自給式農業為主。此圖涵蓋範圍南北長約120公里，混雜多種火成岩地形，例如火山岩（紅色）、沙漠（右上角的黃色）和乾涸河道（右下方）。左上方有座河谷呈東西向橫切過火山岩塊，形成壯觀岩脈的北緣；此岩脈幾近環狀，直徑約50公里。

埃及：開羅

144　開羅爲埃及的首都暨非洲第一大城，總人口近1,200萬，就在尼羅河
　　三角洲南方，大半坐落在尼羅河東岸，近百年來則逐漸往北擴展。畫
　　面中的綠色部分爲耕地，由尼羅河滋養灌漑。古代下埃及的首都孟斐
　　斯位於西南方，靠近金字塔群。

埃及：金字塔

吉薩金字塔群中以大金字塔的名聲最響亮（右上角），大約是在西元前2590年由古夫王下令興建，世界七大奇觀中只有它巍然獨存。大金字塔完工時高146公尺，四十三個世紀以來始終都是地球上最高的建築物（譯按：1889年高320公尺的艾菲爾鐵塔完工後，打破其紀錄），但目前已磨損約9公尺。畫面中間的是卡夫拉王金字塔，底部較小的則是孟卡拉王金字塔。

145

埃及：蘇彝士運河

146　　蘇彝士港位於蘇彝士運河南端，可以清楚看見南北向的運河在此連接
　　　　紅海和小苦湖。小苦湖是併入運河的數條天然水道之一，於十九世紀
　　　　由法國工程師負責施工。在蘇彝士港之後，運河繼續向北流，在塞德
　　　　港注入地中海，成爲亞洲（東邊）和非洲（西邊）之間的明確分界。

埃及：紅海海岸

紅海（畫面右上角可以看見一小部分）分隔世界兩大「板塊」，所謂「板塊」即指因地函發生難以察覺的運動而永久漂移的堅硬陸塊：一邊是非洲及周圍海洋，另一邊則是阿拉伯半島。當阿拉伯半島漂離非洲時，夾在兩者之間的邊緣岩塊受到拉扯，延展成畫面右上角清晰的東南－西北向紋理。

查德：撒哈拉沙漠南部

此圖涵蓋範圍南北長約100公里，顯示的是查德東北部接近蘇丹邊界的撒哈拉地區，毗鄰特凱茲綠洲。圖中看起來像彩色瀑布、由右向左橫掃過畫面的廣大區域其實是風吹沙，呈現深淺不一的白、黃、橘等多種色調；險峻的岩石露頭穿雜其間，而風吹沙的磨蝕作用則會造成嚴重又迅速的侵蝕。

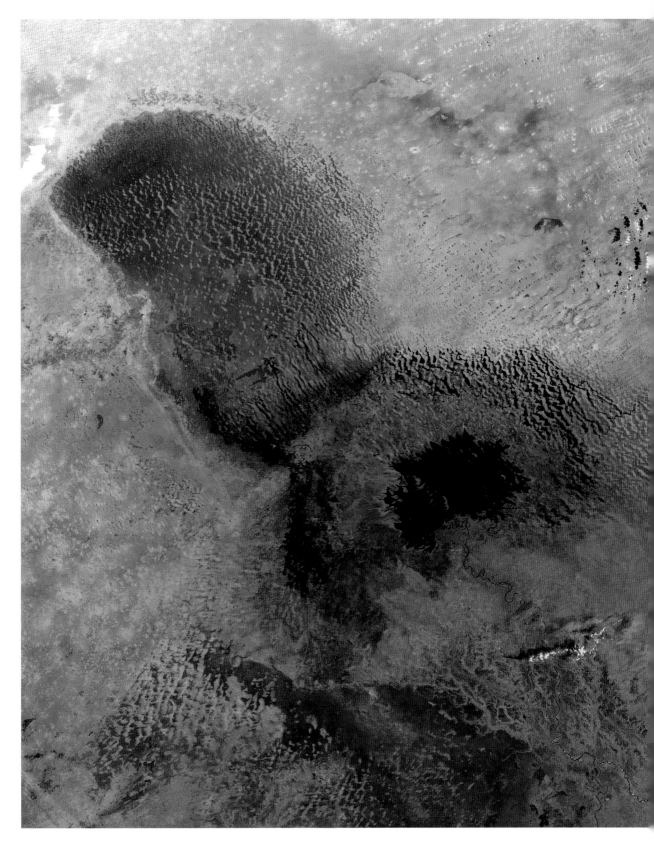

查德、奈及利亞與喀麥隆：查德湖

查德湖是撒哈拉沙漠地區唯一稍具規模的水體，然而歷經四十年的乾旱折騰，再加上大量作為灌溉用水，規模已經急遽縮減。這張影像涵蓋幅員遼闊，南北長約325公里，由湖北邊和西北邊呈漣漪狀的綠色和褐色區域，可以看出先前的湖區大小。由於周圍的綠色植被依然濃密，顯示查德湖仍擁有廣大濕地。

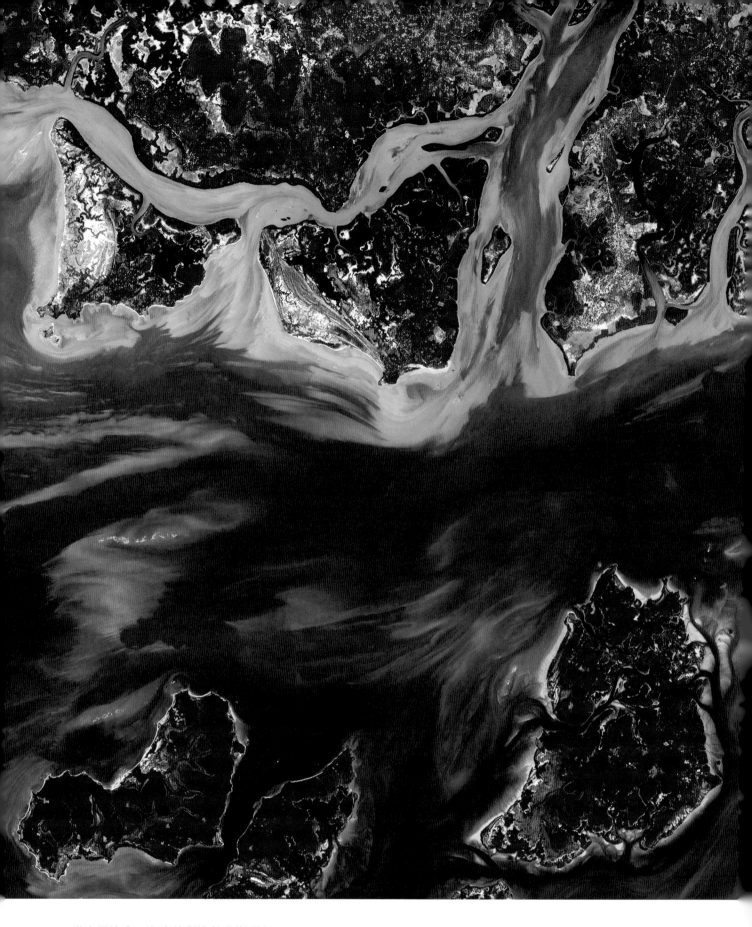

幾內亞比索：海岸線與比熱戈斯群島

這張幾內亞比索的海岸線影像刻意以合成假色處理，目的在透過鮮紅和亮藍色的強烈對比，凸顯出淤泥被迦巴河等河流沖刷到海岸線外的淺灘後如何沉積。圖中的淡藍色部分即爲泥沙淤積，鮮紅色部分是熱帶地區典型的濃密植被，底部的島嶼則是比熱戈斯群島的一部分。

奈及利亞：拉哥斯

拉哥斯位於奈及利亞西南角，面對貝寧灣，為該國第一大城，總人口
1,000多萬，也是最重要的工商業中心及首要港口。1960年到1991年
間奈及利亞宣布獨立時，就定都於拉哥斯。此圖涵蓋範圍南北長約10
公里，市中心位於畫面左上角的半島上。

衛星影像由美國太空影像公司提供

奈及利亞：阿布加

152　　阿布加是奈及利亞的首都，坐落在貝努埃河和尼日河匯流處的北端，位置接近國土的心臟地帶，完全朝向首都功能規畫興建，這在非洲相當罕見。建都方案於1976年拍板定案，1991年正式成為奈及利亞首都，但轄區不大，總面積只有250平方公里。此圖涵蓋範圍南北長約4公里，圖中所示是政府行政區。

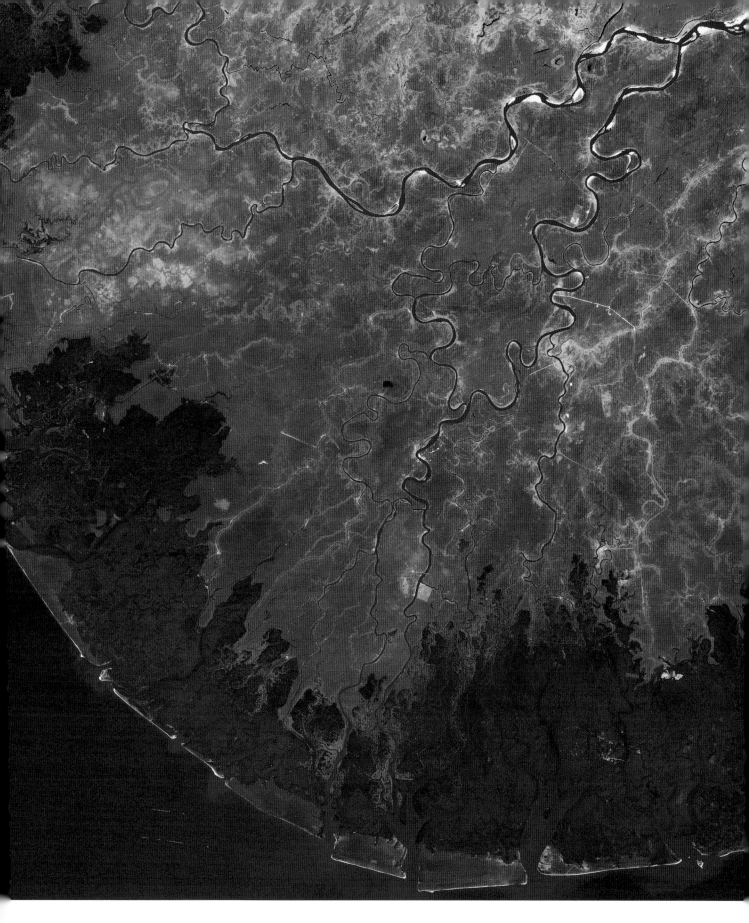

奈及利亞：尼日河三角洲

此圖涵蓋範圍南北長約110公里，顯示的是尼日河三角洲，包括複雜又脆弱的濕地、沼澤林地與紅樹林等各種地形，是全世界物種最多的生態系之一，也是全球最潮濕的地區，有些地方年平均降雨量高達400公分。這裡的雨林泰半已遭摧毀，由於此區也是奈及利亞最大的石油與天然氣蘊藏地，因此不可回復的生態破壞絕不會就此罷手。

衣索比亞：阿迪斯阿貝巴

阿迪斯阿貝巴（畫面左上角的灰色區塊）是衣索比亞的首都暨政治行政中樞，也是主要的通訊樞紐。總人口數210萬，坐落在平均海拔2,440公尺、水源充足的衣索比亞高原上，圖中環繞城市北緣的紅色區塊都是農田。這裡曾是火山活躍區，我們在圖中仍能找到幾座小型的火山錐；右下方是齊威湖。

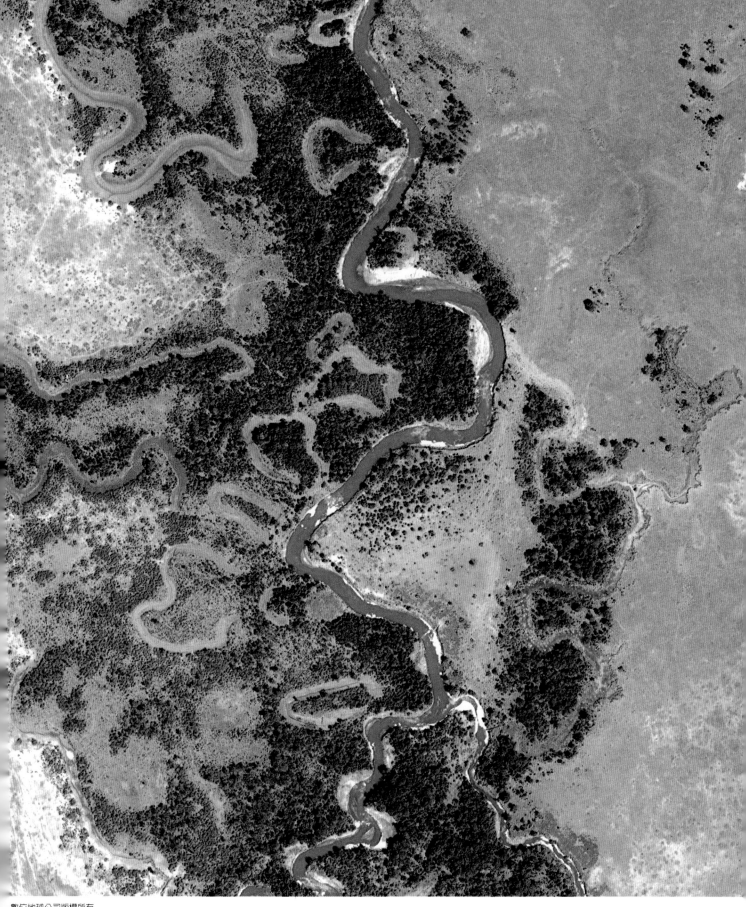

肯亞：馬賽馬拉野生動物保護區

這個動物保護區位於肯亞西部與坦尚尼亞的交界處，是肯亞最著名的野生動物園，總面積1,510平方公里，擁有平緩起伏的丘陵和森林，動物的種類和數量都頗具規模；其中多達50萬頭的非洲黑尾牛羚，每年六月都會從坦尚尼亞的塞倫蓋提平原往北遷徙至此。畫面中曲折的綠色線條是馬拉河，出現的河段長約2.5公里，沿途還有爲數眾多的牛軛湖。

155

非洲

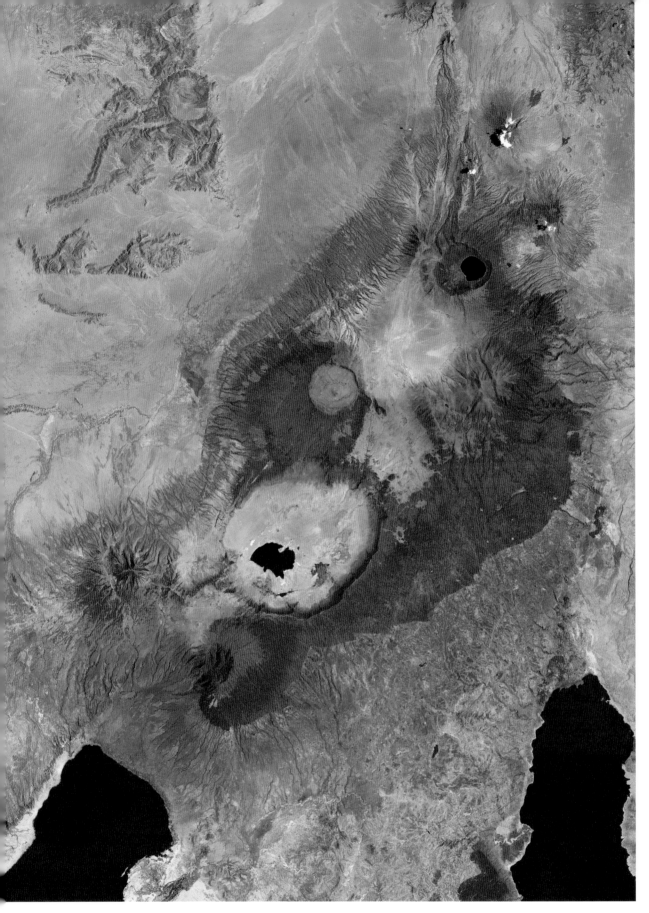

坦尚尼亞：恩格龍格魯火山口

恩格龍格魯火山是一座休火山，位於坦尚尼亞的塞倫蓋提國家公園內，海拔3,188公尺，崩塌的火山口（或稱爲火山臼）面積達260平方公里、深610公尺，規模爲非洲之冠。火山口中央可以清楚看到有個小湖泊，在其北邊還有兩個更小的火山；圍繞這三座火山的紅色部分是濃密的植被。畫面左下角是埃亞西湖，右下角則是曼亞拉湖。

156

從衛星看地球

肯亞與坦尚尼亞：吉力馬札羅山

吉力馬札羅山可以說正好就坐落在肯亞和坦尚尼亞的國界地帶，從左上斜向右下橫跨整個畫面。這座死火山有兩座山峰：較高的自由峰是非洲最高點，海拔5,895公尺，峰頂終年積雪（圖中的粉紅色部分）；較低的馬溫茲峰海拔5,354公尺，就在自由峰右邊。低坡上的鮮紅色區塊是森林及咖啡豆栽培地。

辛巴威：維多利亞瀑布

維多利亞瀑布位於辛巴威西部的尚比西河上，是非洲最具人氣的觀光景點，每秒流量估計約爲450萬公升，當地人稱爲「莫西奧圖尼亞」（意思是「雷聲煙霧」），飛墜逾三十層樓的遽降高度後沖入下方激流，激盪出全世界最壯觀的瀑布水幕，再一路蜿蜒而下注入喀里巴湖。

衛星影像由美國太空影像公司提供

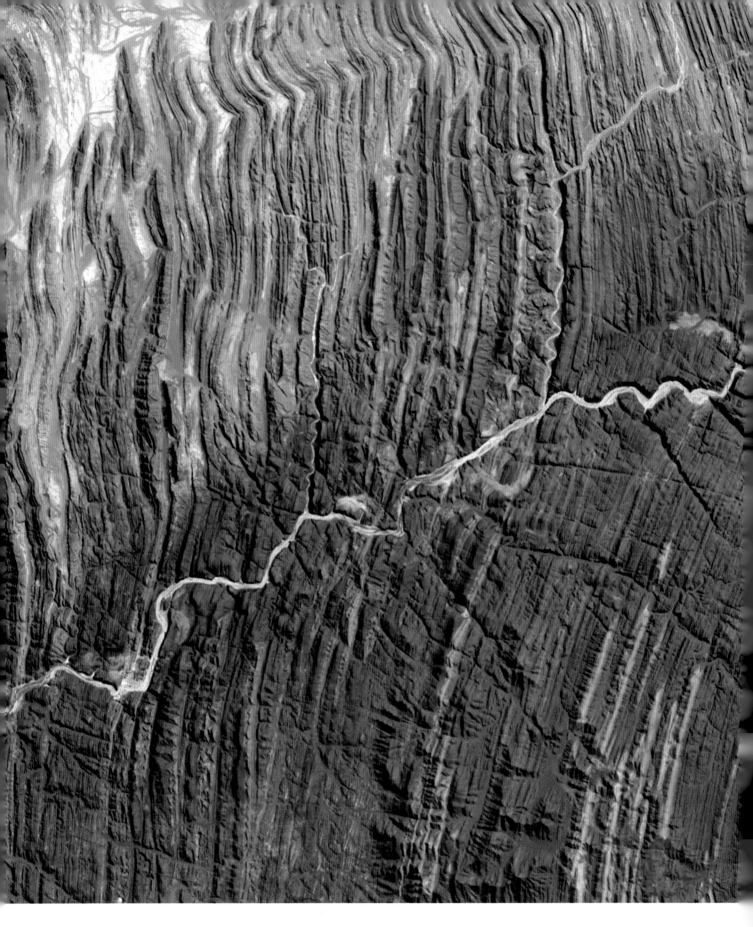

納米比亞：烏加布河

從納米比亞西部高地流向大西洋的烏加布河，一年中只有幾天（時間長短取決於雨量多寡）在地面上流動，其餘時候都隱沒於地底，完全反映出該國乾旱的地理環境。不過這條撲朔迷離的河道卻滋養出一個豐富又微妙的生態系統，提供種類繁多的動植物在此生存。其中最壯觀的景象，就是黑犀牛和沙漠象在旱季時定期跋涉70公里尋找水坑的遷徙畫面。

納米比亞：勃蘭德勃山

畫面右上角的環狀結構就是勃蘭德勃山，係一億二千萬年前衝破地殼的巨型花崗岩體，俯視著南邊的納米比沙漠。勃蘭德勃山的周圍環繞著許多深色的陡峭岩石，西南方是一塊年代更為久遠且侵蝕更厲害的花崗侵入岩，北邊則可看到烏加布河鑿穿侵蝕嚴重的岩塊。

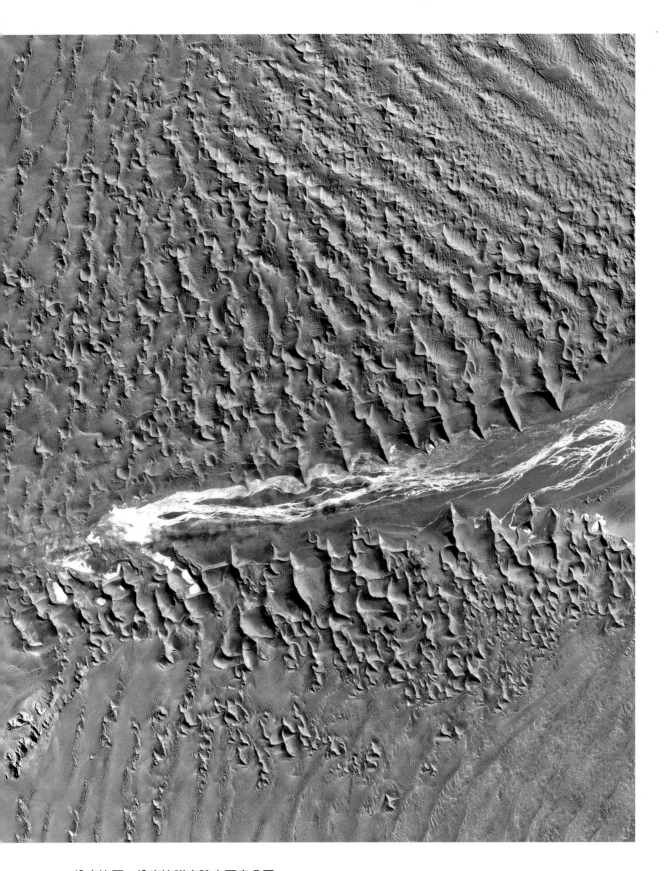

納米比亞：納米比諾克陸夫國家公園

這個國家公園的規模超過49,000平方公里，是非洲最大的野生動物保護區，也是地球上最古老的沙漠地帶。此區有全世界最獨特的地理環境：雖然是貧脊乾旱的地區，卻拜大西洋飄入的充沛晨霧水氣之賜而生機盎然。有些地方的沙丘高度超過300公尺，沙中鐵質都已氧化生鏽，可由橘色深淺來辨別年代先後：橘色越深，表示沙丘年代越久遠。切割畫面的是一條幾近乾涸的河道。

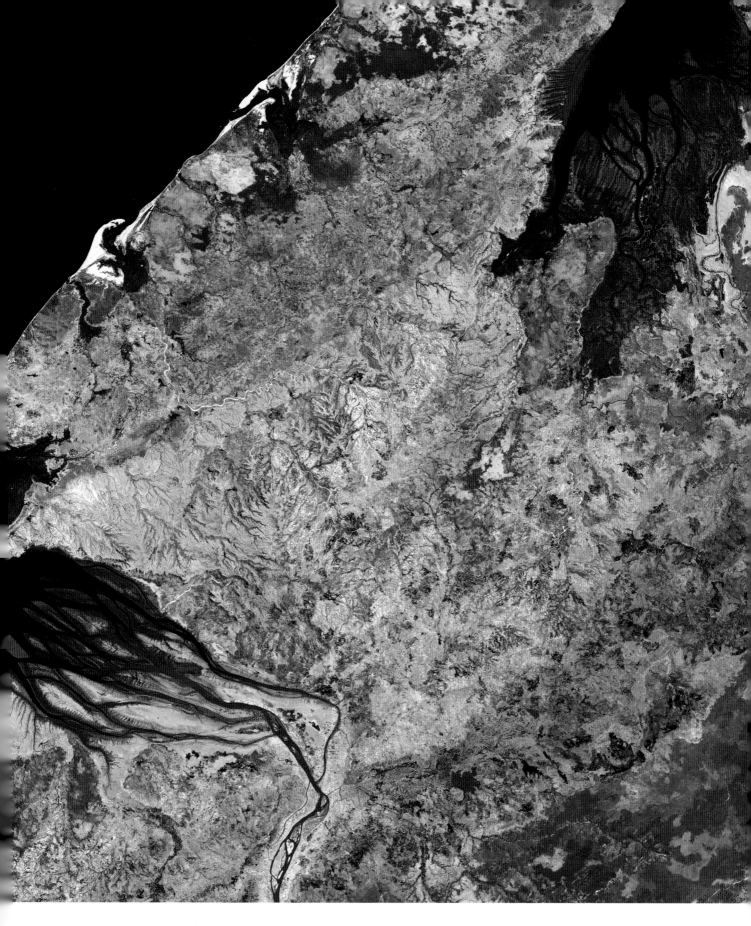

馬達加斯加：西北部海岸

這張假色影像涵蓋範圍南北長約80公里，紅色部分是茂密的植被，尤以右上角與左下方兩條河口附近的紅樹林沼澤地最為明顯。廣大的綠色區塊是乾燥的植被，兩條河裡的淡藍色部分則是泥沙沉積物。此類衛星影像技術在追蹤環境變遷及環境破壞等議題上都十分適用。

163

非洲

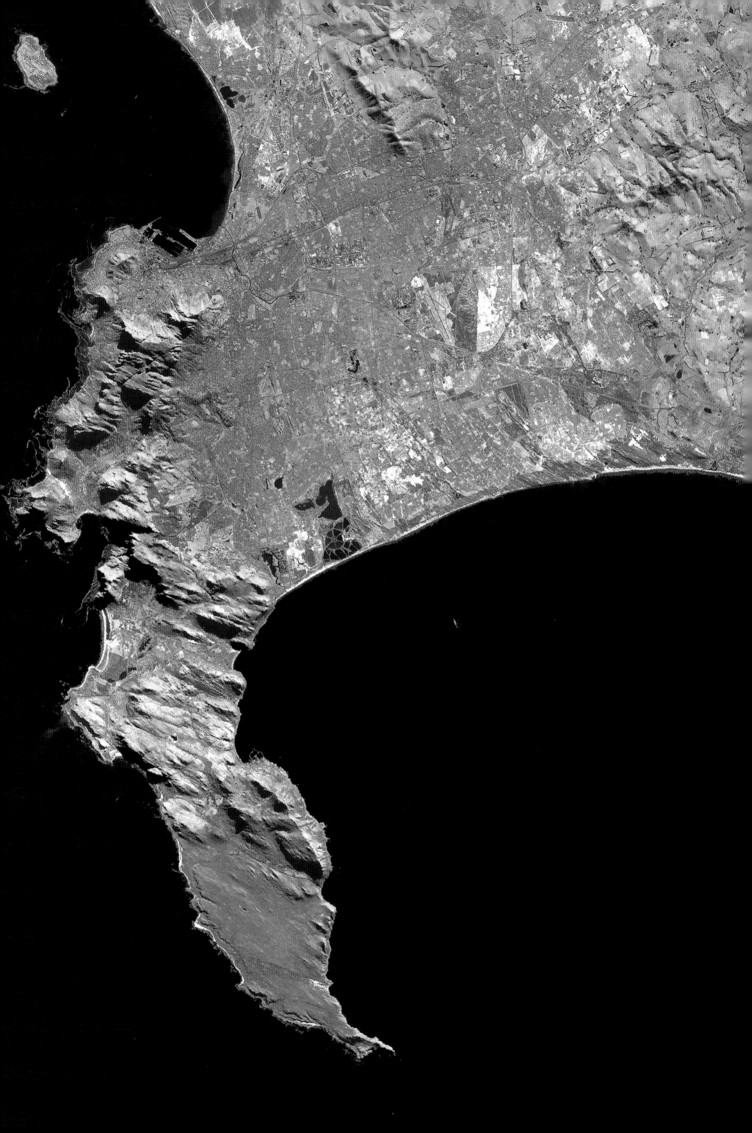

南非：開普頓

開普頓位於畫面左上角，與
羅本島對望，港口正南方即
為峰頂平坦、海拔1,088公
尺的桌山。左下方的手指狀
陸地就是好望角，舊名「風
暴角」是由1487年第一位繞
行此處的歐洲航海家狄亞士
所命名。右方的大海灣稱為
福爾斯灣，字面意思是「假
灣」，聽起來確實不太妙。

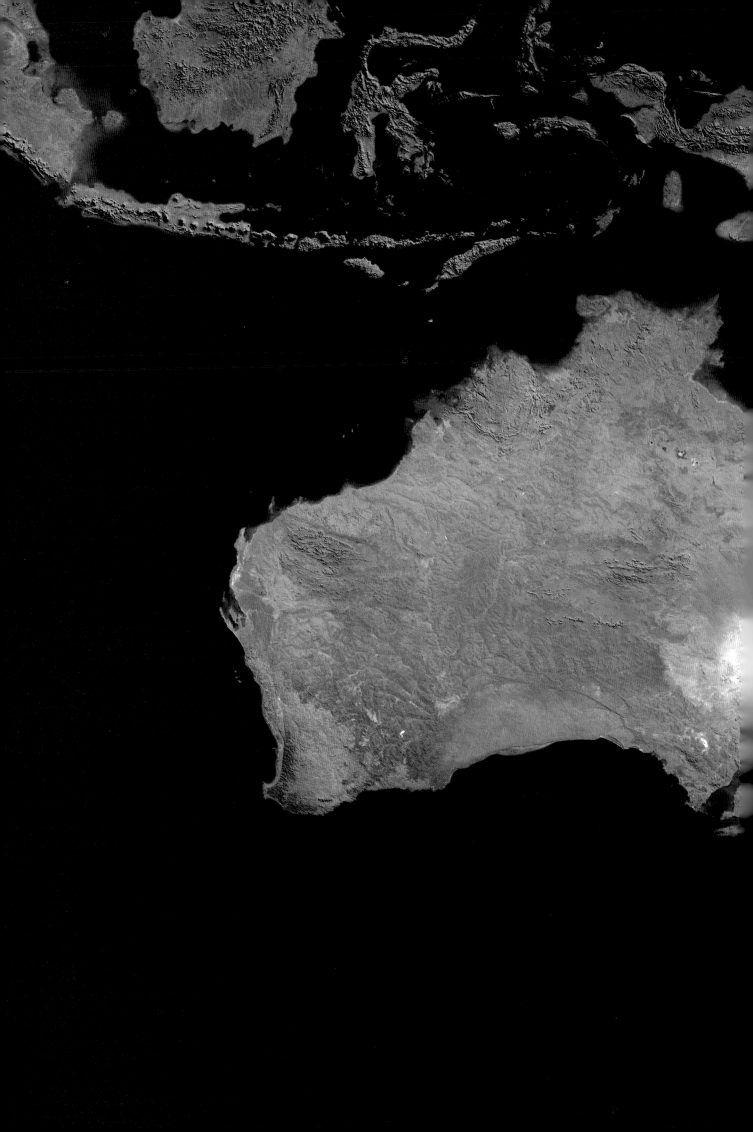

澳洲／大洋洲

此後，你不需要再為澳洲究竟是地球上最小的大陸或最大的島嶼而傷腦筋了。因為，澳洲連同其北邊的巴布亞紐幾內亞、東南方的紐西蘭以及數以千計的珊瑚環礁和散布在南太平洋上的火山島，如今都普遍視為一個大陸，統稱為澳洲／大洋洲。陸地總面積雖然有810萬平方公里，也擁有3,100萬人口，卻仍是全世界最小也是人口最少的大陸（人口第二少的南美洲總人口為3億7,100萬）。

澳洲當然是此區最大的陸塊。澳大利亞的國土面積為760萬平方公里，是世界排名第六的大國；在歷經三十億年的侵蝕後，這裡也是全世界最平坦也最乾旱的地方。特別的是，澳洲全境連一個主要河系都沒有，因此探勘起步晚又危機四伏的廣大內地仍有許多荒無人煙且根本不宜居住的地方，人跡未至的沙漠荒地綿延了數千英里，70%的人口都集中在全國前十大城市裡，多數都位於東南部或海岸邊。由此可知，這裡的氣候與地形一定也存在著某種程度的歧異：東南部的熱帶地區擁有全世界最古老的雨林；重要的大分水嶺山系幾乎沿著整個東岸伸展，最高峰科修斯科山，海拔2,230公尺；東北海岸舉世聞名的大堡礁則是全世界最大的珊瑚礁結構體，總長2,012公里。

遠在2,400公里以外的紐西蘭，情況就截然不同了。南北兩島地勢一樣崎嶇不平，北島大多為火山地形，南島則全境多山。盤踞南島中央的龐大山系是南阿爾卑斯山，規模幾乎可比歐洲的阿爾卑斯山。兩島的氣候差異也不小，離南極洲不到2,400公里的南島明顯冷得多；不過兩島都擁有廣大的放牧地，紐西蘭的四百多萬人口還只是全國綿羊牲口數的二十分之一而已！

大洋洲的南太平洋島嶼分為三群：美拉尼西亞，包括斐濟、萬那杜、索羅門群島和新喀里多尼亞島；密克羅尼西亞，包括馬紹爾群島、密克羅尼西亞、關島、塞班島和北馬里亞納群島；玻里尼西亞，包括法屬玻里尼西亞、馬克沙斯群島、庫克群島、復活節島、皮特康島及吐瓦魯。

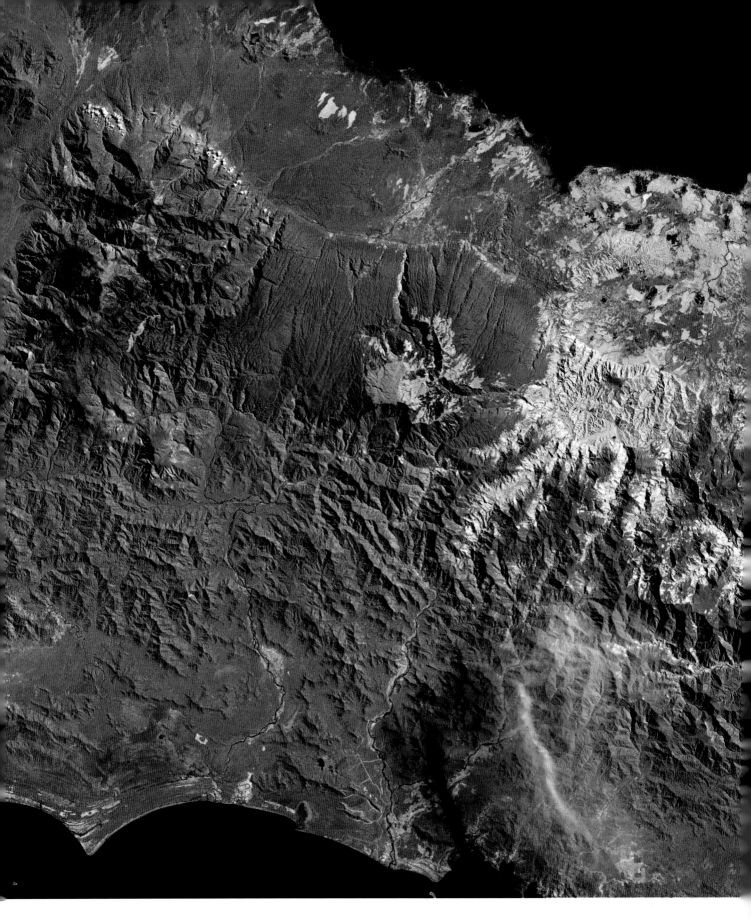

巴布亞紐幾內亞：撒克林岱門山脈

撒克林岱門山脈沿巴布亞紐幾內亞東南部伸展，南、北、東三面緩沒入海，最高點為海拔3,676公尺的撒克林山，即畫面左上角狀似碎裂的突起結構體。山頂和其他地方的藍色區塊都是裸石，紅色部分為植被，沿北海岸的鮮紅色邊緣則是紅樹林沼澤地。

澳大利亞：安恆地

安恆地位於澳大利亞北領土特別自治區的極北端，是一片飽受侵蝕的荒涼高原，岩石遍布的地表被許多斷層線刻蝕得崎嶇不平；越過左方大致呈南北向的懸崖即為卡卡度國家公園。此圖涵蓋範圍南北長約90公里，頂端和左邊的深藍色部分是最近遭大火吞噬的叢林區，左上角不規則狀的紅色部分則為河岸植被。

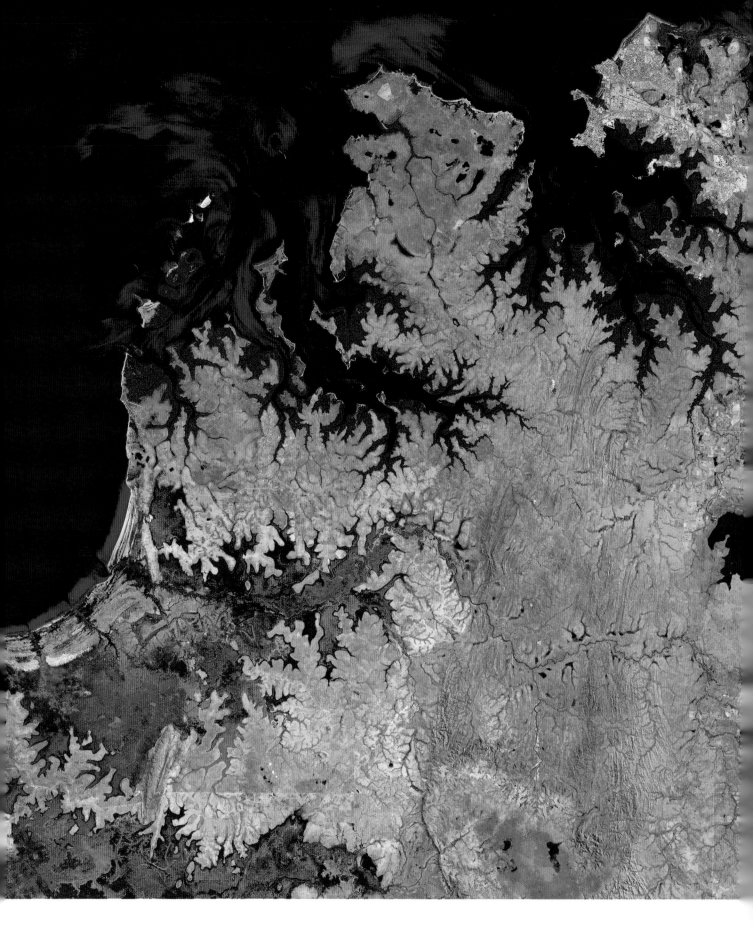

澳大利亞：達爾文

畫面右上角的達爾文爲北領土首府，係以知名生物學家達爾文來命
名，他在1839年搭乘英國海軍艦隊小獵犬號遠航途中發現了達爾文港
（早些年他也搭乘同一艘船環遊世界，展開偉大的發現之旅）。雖然上
圖攝於雨季末期，大範圍綠色區域仍多爲較乾燥的植被，海岸附近的
鮮紅色部分則是紅樹林沼澤地。

澳大利亞：海軍部灣

海軍部灣位於波拿巴群島東北端，海岸線如鋸齒般崎嶇，沿澳洲西北岸伸展近480公里，海洋外島嶼星羅棋布。影像色彩經過強化處理，以凸顯出不同的岩石結構及其之間明顯的轉變，特別是畫面中間偏下方和右下角的橘色與深紫色部分；植被在圖中以綠色表示，大都生長在岩塊斷層中。

澳大利亞：哈麥斯利嶺

西澳大利亞北部的哈麥斯利
嶺地貌嚴峻，杳無人跡，爲
澳洲大陸西半部唯一的大型
山區。最高的莫哈利山海拔
1,250公尺，以世界標準來
看雖然很低，但在澳洲可算
是高山了。這張碎裂岩體影
像涵蓋範圍南北長約120公
里，大片綠色區域爲含鐵的
岩石，鐵礦於此廣泛開挖。
向北200公里爲炎熱的馬波
巴，每年超過攝氏40度的氣
溫可持續170天。

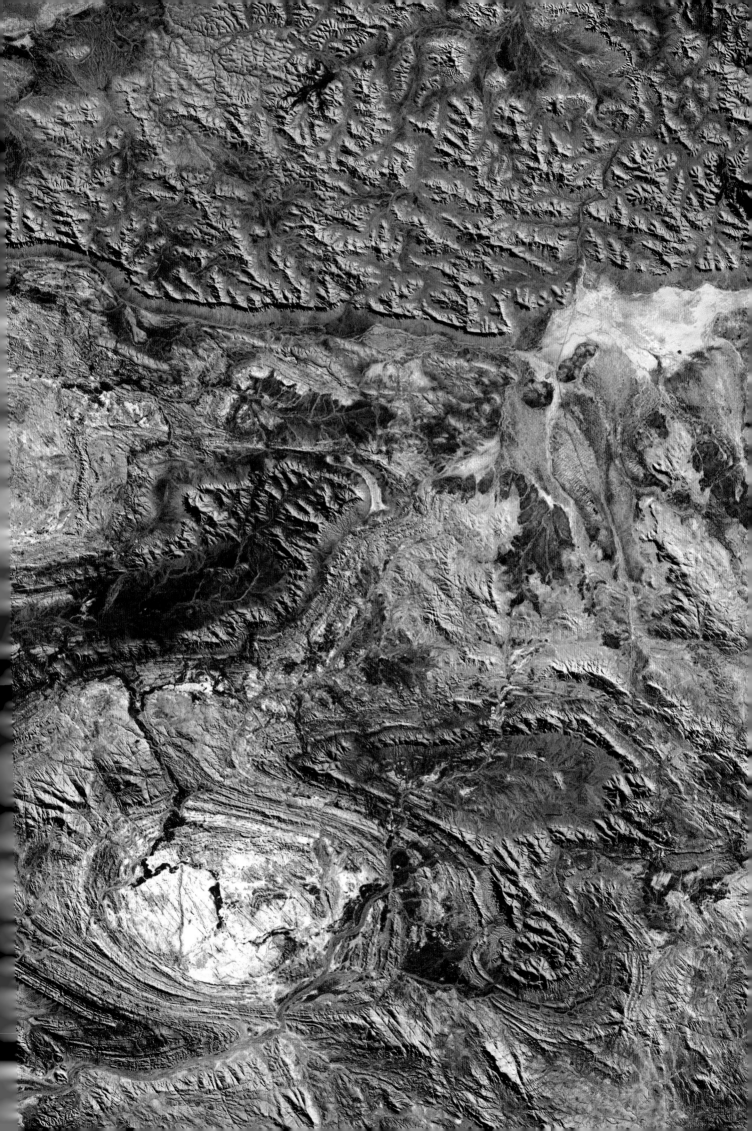

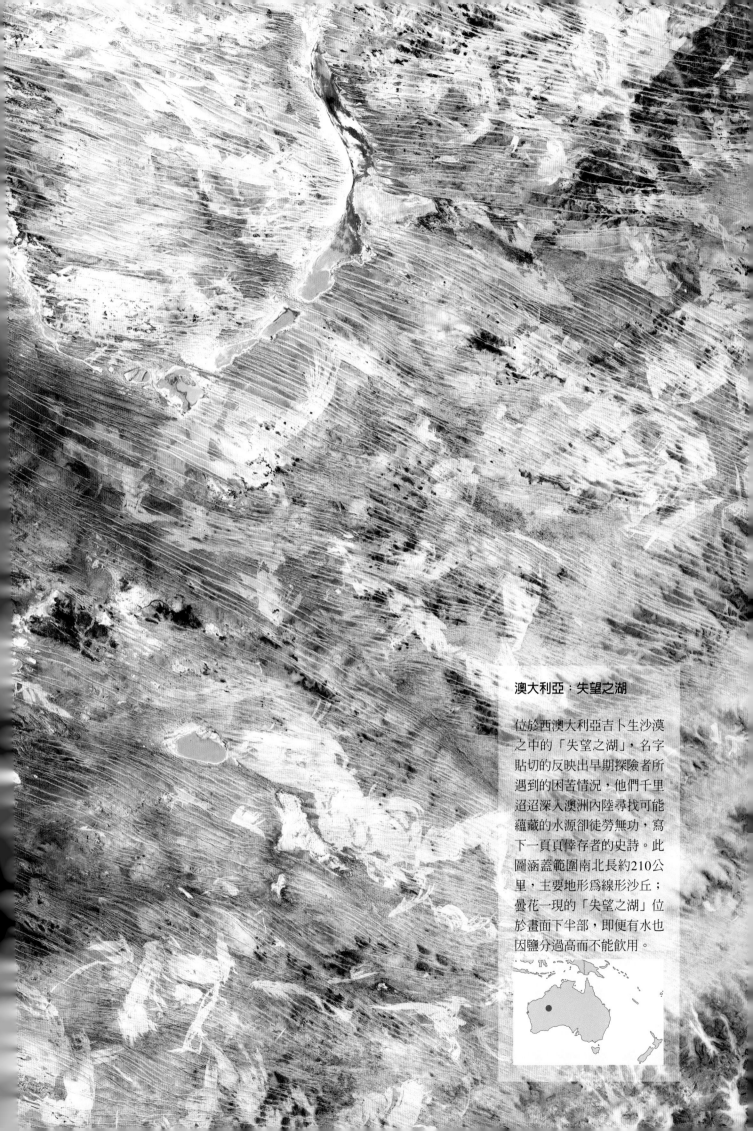

澳大利亞：失望之湖

位於西澳大利亞吉卜生沙漠之中的「失望之湖」，名字貼切的反映出早期探險者所遇到的困苦情況，他們千里迢迢深入澳洲內陸尋找可能蘊藏的水源卻徒勞無功，寫下一頁頁倖存者的史詩。此圖涵蓋範圍南北長約210公里，主要地形為線形沙丘；曇花一現的「失望之湖」位於畫面下半部，即便有水也因鹽分過高而不能飲用。

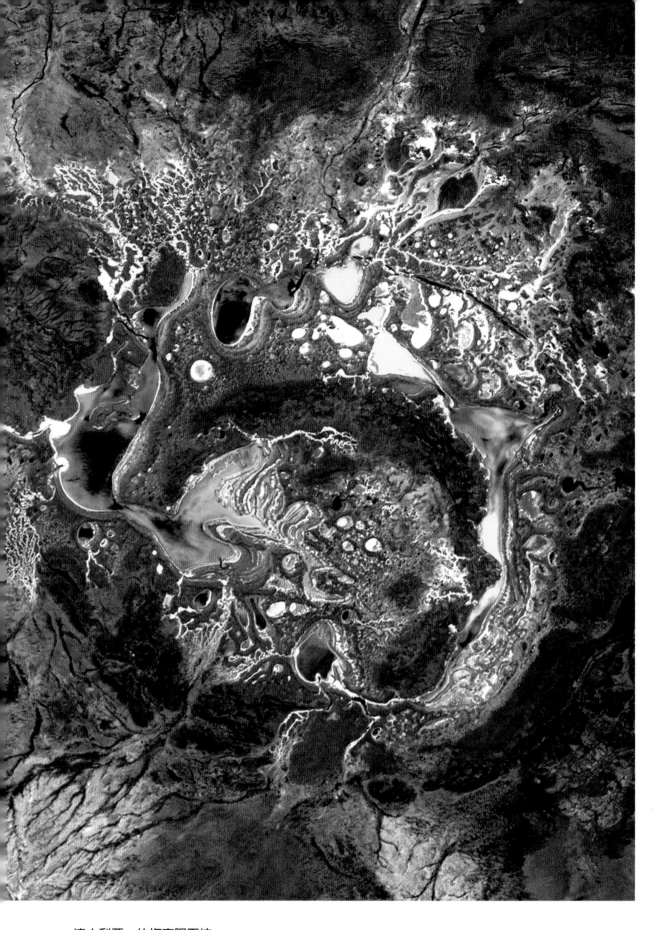

澳大利亞：休梅克隕石坑

休梅克隕石坑位於西澳大利亞乾燥不毛的內陸中央，直徑約30公里，中心有新月形的深色岩石環繞，係十七億年前隕石撞擊所形成的結構體，也是澳洲境內已知年代最久遠的隕石坑。圖中黃色和綠色的球狀斑點是表層覆鹽的季節湖，水深絕少超過數公尺。

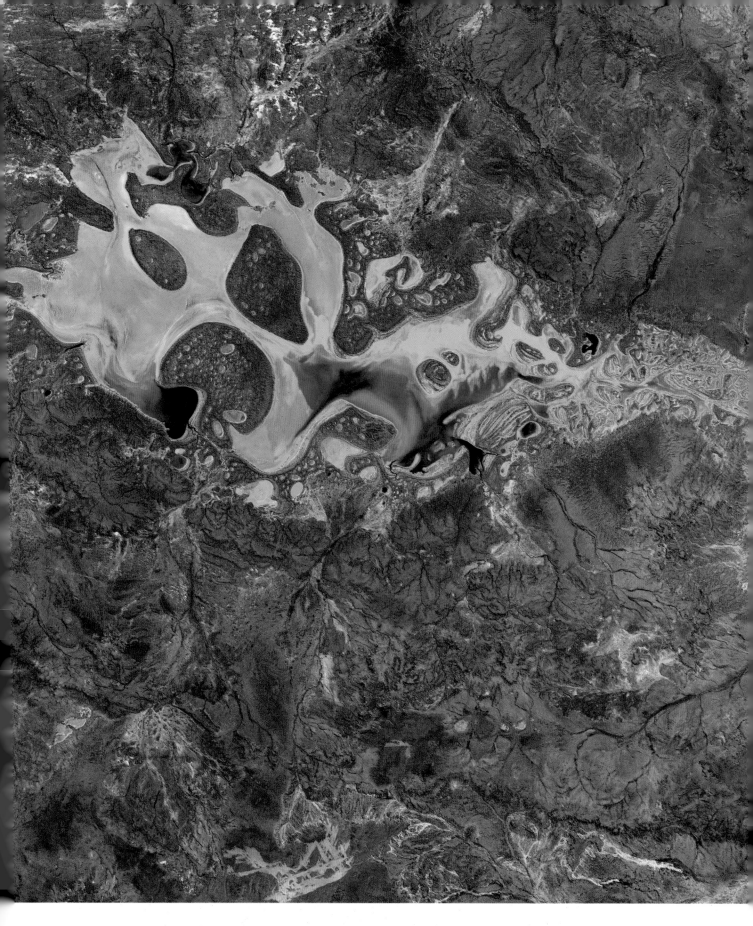

澳大利亞：卡內基湖

卡內基湖位於大沙地沙漠以南、維多利亞大沙漠以北，係散落在西澳大利亞空曠荒地上的眾多季節湖之一，只有在罕見的大量降雨後才會注滿水，終年只能見到爛泥淤積的零星濕地。此圖涵蓋範圍南北長約100公里，淡藍色部分爲最淺的積水區，暗藍色部分積水較深。

澳大利亞：伯斯

180　西澳大利亞的伯斯是全世界最與世隔絕的一座城市，最近的人口稠密區是東方3,220公里之外的阿得雷德。市中心橫跨天鵝河（圖中兩條河流較北邊者），畫面左邊的淺灰色部分即爲伯斯市區和郊區，內陸爲大令嶺的懸崖峭壁，至於最左邊的黑色狹長區域則是印度洋。

澳大利亞：戈斯峭壁隕石坑

畫面中央偏右的戈斯峭壁隕石坑位於澳大利亞北領土自治區的麥克唐奈爾山脈南方（圖中也可看到此山脈），是侵蝕嚴重的隕石撞擊坑遺跡，直徑約18公里，更明顯的中心坑口直徑則約5公里，係一億四千萬年前由直徑可能達1公里的彗星或小行星撞擊形成，釋放出的能量約為日本廣島原子彈爆炸的100萬倍。

澳大利亞：烏魯魯（艾爾斯岩）

一般慣稱的艾爾斯岩（當地原住民稱為「烏魯魯」）清楚位於影像中間偏下方，坐落在偏遠的北領土自治區西南方烏魯魯卡達族達國家公園的平坦荒地上，位置接近澳洲大陸正中央，最近的城鎮是在東北方440公里之外的愛麗斯泉。這塊巨岩蹲踞狀的輪廓相當好認，是澳大利亞最著名的天然地標。

澳大利亞：烏魯魯（艾爾斯岩）

烏魯魯是全世界最大的一塊巨大岩石，長約3.6公里、寬2公里，周長有9公里，高出附近平原348公尺。一般認為看得到的地面巨岩僅是一部分，其實地底下還延伸了2.5公里。烏魯魯係由富含礦物的砂岩所構成，氧化作用讓外層呈現自然的鐵鏽色，在晨曦和落日餘暉的照耀下泛著紅光。在安南古族原住民眼中，這是一塊聖石。

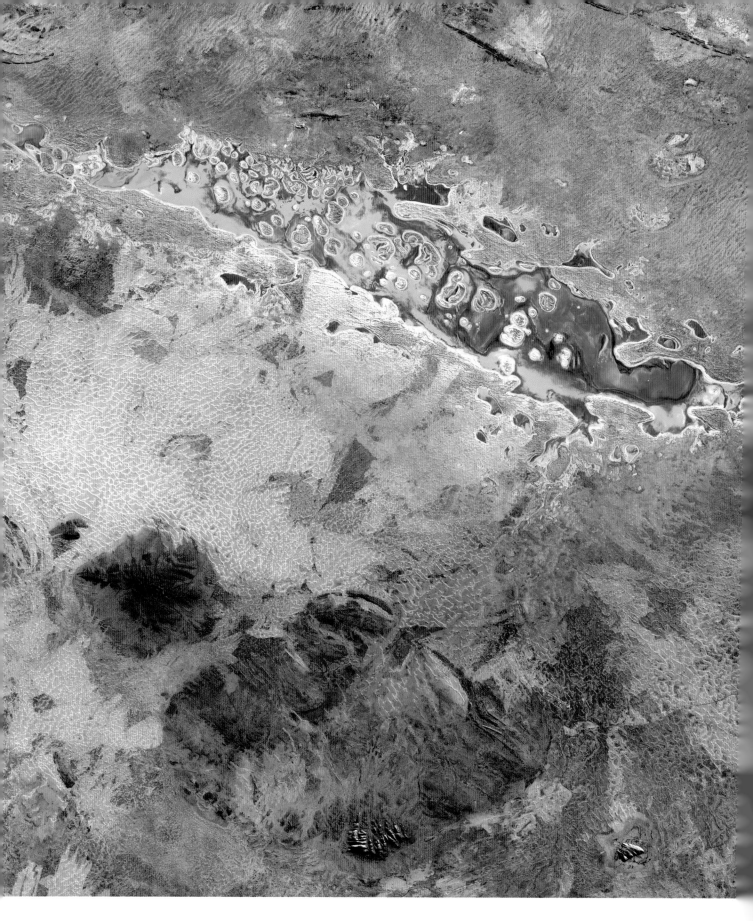

澳大利亞：亞馬丟斯湖

畫面上半部的亞馬丟斯湖淺水區閃耀著近似透明的藍色水光，極高的
含鹽量係從湖底的沉積物溶濾而出，因此枯水期時湖床會變成一大片
璀璨炫目的白色鹽晶。湖北邊爲東北－西南走向的線形沙丘，南邊的
地貌則因地形和沙類不同而較爲複雜，右下角也可看到前頁介紹過的
烏魯魯和奧加斯岩石群。

澳大利亞：凱恩斯與大堡礁

大堡礁沿澳洲東岸綿延逾2,012公里，是全世界規模最大的珊瑚礁結構體，也是有機生物體建構出的最大結構。北邊礁體幾乎連續不中斷，離岸平均距離為50公里；南邊礁體斷斷續續，離岸最遠達300公里。這張影像僅呈現出大堡礁的一小部分，左上角的淺藍色區域為凱恩斯城。

澳大利亞：阿得雷德

此圖涵蓋範圍南北長約120公里。在澳洲眾多城市中，阿得雷德的地理位置可說相當得天獨厚，東倚蒙洛提嶺，面朝聖文森灣，是南澳大利亞的首府也是最重要的港口，總人口稍高於100萬。這是澳洲氣候最溫和的城市之一，腹地也因此成為重要的農業區，尤以北部為盛。

澳大利亞：墨爾本

墨爾本（畫面右上方）是澳洲第二大城，位於菲利普灣港北端，市中心橫跨亞拉河，大都會區涵蓋範圍8,800平方公里。墨爾本是維多利亞省的首府暨重要的金融工商業中心，更是全國第一大港，總人口逾368萬，不論是規模或文化涵養都與雪梨不相上下。

187

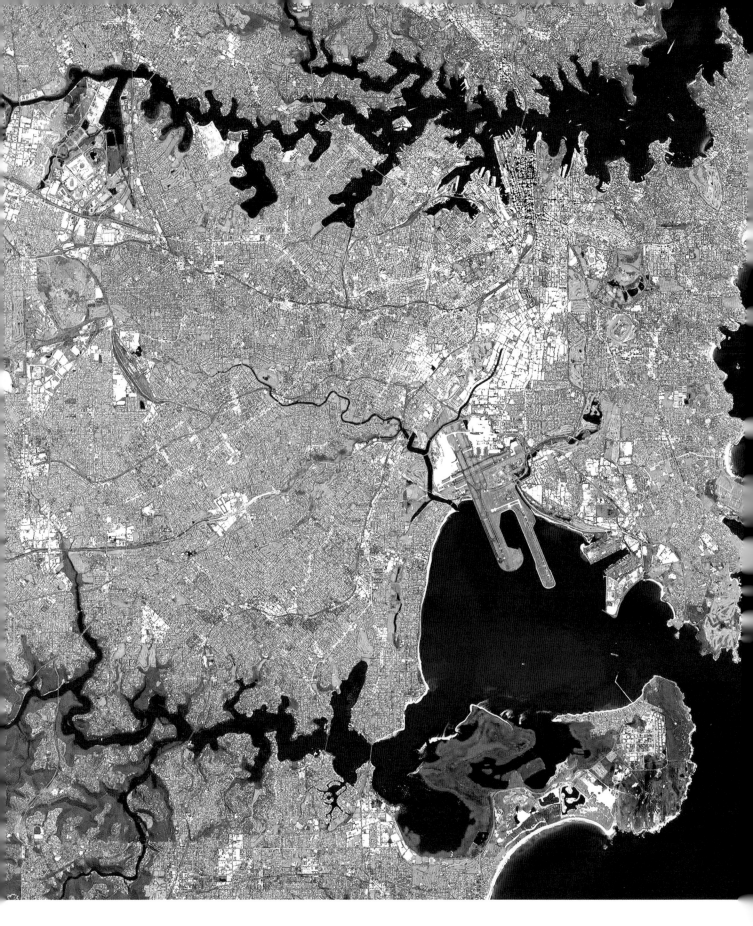

澳大利亞：雪梨

雪梨是澳洲最大也是國際化程度最高的都市，總人口超過400萬人，
擁有全世界最大的天然港，即畫面上半部狹長的不規則狀水道。較下
方的植物學灣是1770年英國航海家庫克船長的登陸地，也是歐洲人首
次抵達澳洲東岸的登陸地點，現爲雪梨機場所在地。再往南邊還能看
到皇家國家公園，這是雪梨市周圍的大型公園之一。

衛星影像由美國太空影像公司提供

澳大利亞：雪梨市中心

雪梨市中心有許多公園和水道，是全世界最繁榮、地理位置最獨特的
城市之一。畫面中央伸入港內的是雪梨最著名的地標雪梨歌劇院，經
多年延宕及爭議後終於在1973年告竣；在其下方開展的是皇家植物
園，左方則為1932年通車的雪梨海港大橋。港灣內船帆點點如浮光掠
影，美不勝收。

塔斯馬尼亞：荷巴特

塔斯馬尼亞是澳大利亞最小的一州。此圖涵蓋範圍南北長約100公里，上方中央處就是這個島州的首府荷巴特，城區沿著德文特河開展。荷巴特是塔斯馬尼亞東南部風暴灣岬眾多小型海口灣之一，西方緊臨海拔1,470公尺的威靈頓山（側翼為紅色、頂峰呈綠色）。由於地形差異極大，產生一連串「微型氣候」，城裡的天氣型態變化劇烈。

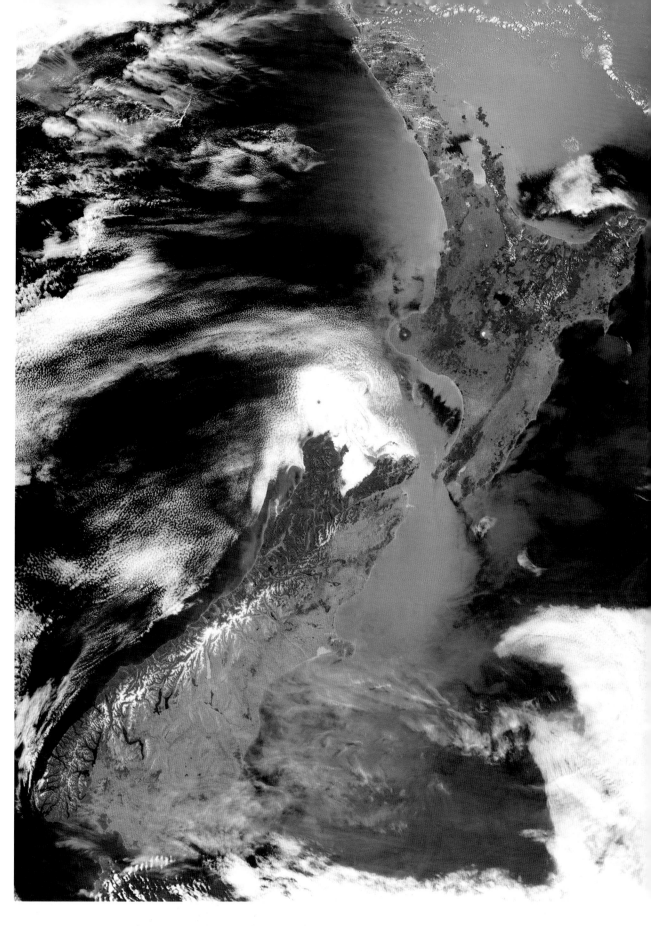

紐西蘭

這是一張罕見且令人嘆爲觀止的紐西蘭原色影像,拍攝時幾乎萬里無雲,南北兩島都格外清晰,南島上白雪皚皚的南阿爾卑斯山峰和許多湖泊都一覽無遺。紐西蘭距澳洲東南方2,400公里,是地球上最晚有人類定居的主要溫帶陸塊,最早抵達紐西蘭的先民是玻里尼西亞人,時間爲西元850年左右。

紐西蘭：奧克蘭

雖然紐西蘭的首都是北島南端的威靈頓，但位於北端近四分之三個北島之遙的奧克蘭，顯然才是紐西蘭最大及發展程度最高的城市（即畫面左上角清晰可見的藍色區域），大都會總人口逼近百萬大關，坐落在擁有廣闊天然港的地峽上，面臨豪拉基灣。

紐西蘭：陶波湖

此圖涵蓋範圍南北長約90公里，上方的休火山口是水深186公尺的陶波湖，位置接近紐西蘭北島的正中央，上一次火山爆發的時間為西元181年，數百年後才開始有人類到此定居。北島有火山帶橫越，畫面下方呈亮粉紅色的覆雪峰頂是另外三個比較小的火山，由北到南分別是通加里羅火山、恩高魯荷火山和魯亞佩胡火山。

紐西蘭：塔拉納基山

塔拉納基山是位於北島西南端的死火山（譯按：也有地理學家認為是
休火山），海拔2,518公尺，白雪皚皚的峰頂在圖中泛著沁藍幽光，而
林木線以下全是茂密的森林。自1881年起，與北邊的凱塔基山和波瓦
凱山合併為國家公園（圖中可以清楚看到這三座火山），園區範圍從
頂峰算起往外擴展9.6公里，形成了畫面中有趣的圓形圖案。

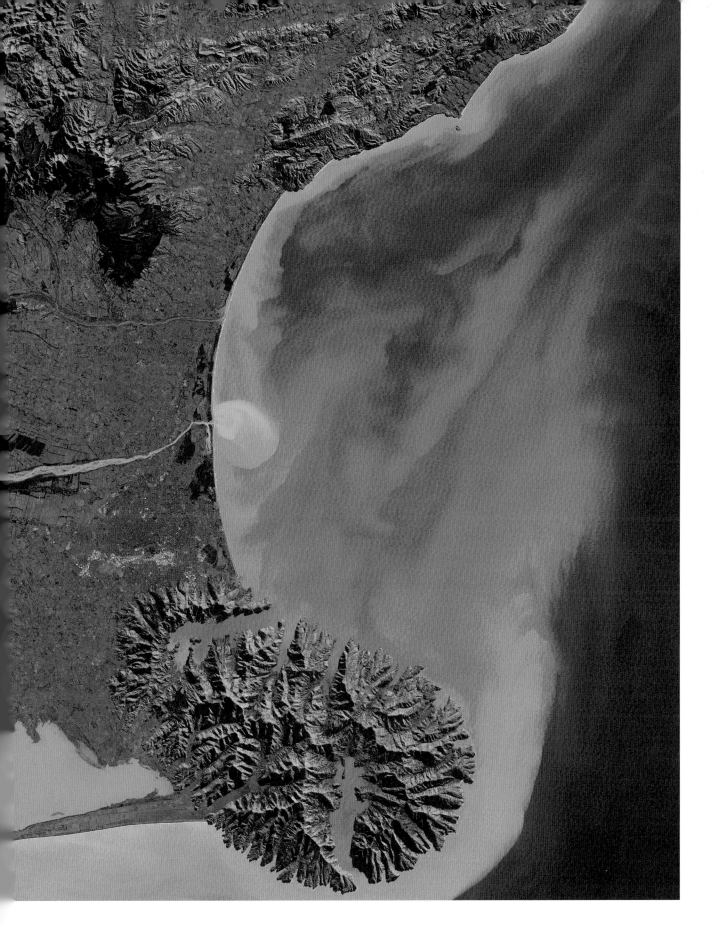

紐西蘭：基督城

基督城位於紐西蘭南島的東岸，1859年由英國殖民者所闢建，現為紐西蘭第二大城。上圖最搶眼的特徵就是凸出於太平洋上已嚴重侵蝕的兩座火山，基督城就在稍北處。火山作用形成了不少的天然港灣，最大港即緊鄰基督城南邊的利特爾頓港。西北方可以看到全澳大拉西亞的最大山脈南阿爾卑斯山起伏的山麓，受蝕後的沉積物經地理作用搬運入海。

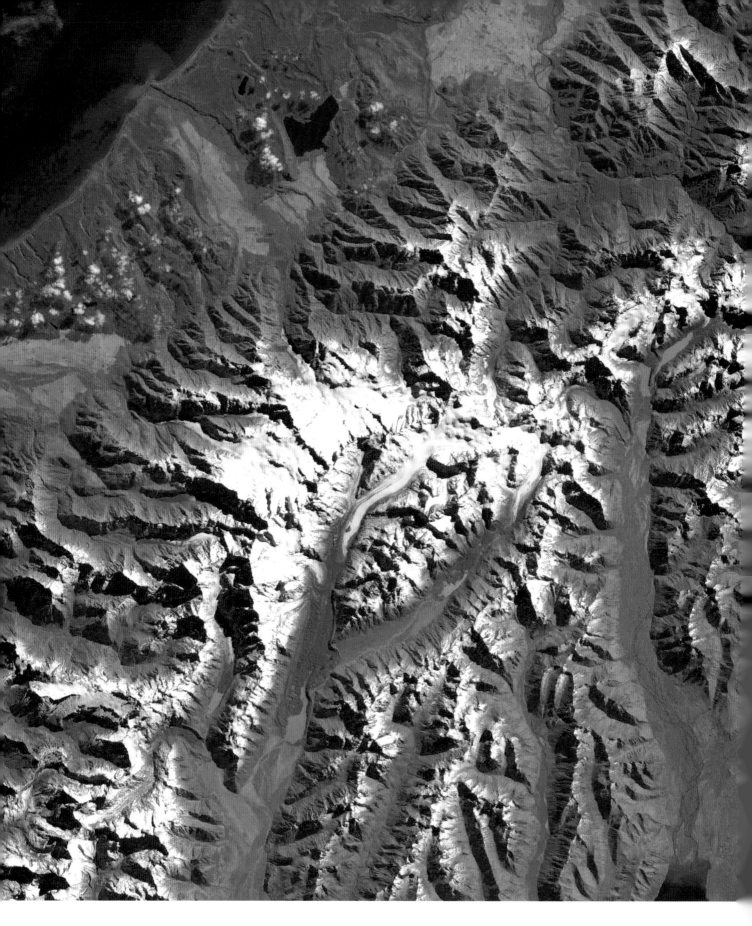

紐西蘭：庫克山

紐西蘭最高峰為海拔3,753公尺的庫克山（畫面中央），坐落在南島南阿爾卑斯山中段，現為奧拉基庫克山國家公園的一部分，這個國家公園擁有超過140座高於2,000公尺的山峰及72條冰河。此區為東西部之間的天然屏障，因而區隔出兩邊不同的地貌：西部拜盛行西風帶來的豐沛雨量所賜，繁茂蒼翠；東部則較為乾燥貧瘠。

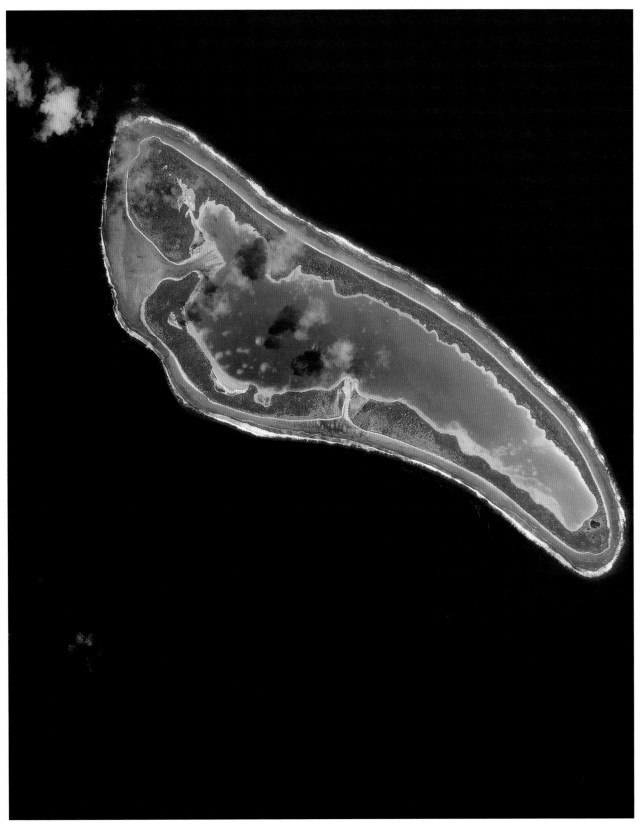

吉里巴斯：尼庫馬羅羅島

尼庫馬羅羅島舊稱爲加德納島，是位於海底火山帶的低窪珊瑚環礁，僅約1.6公里長，屬於費尼克斯島群的一部分。全島四周滿布礁石，無人居住，現爲太平洋西南方吉里巴斯共和國的屬地。據說這裡就是美國女飛行員埃爾哈特於1937年企圖以飛行方式環遊世界時迫降之處，當時她的失蹤曾引起全球媒體關注。

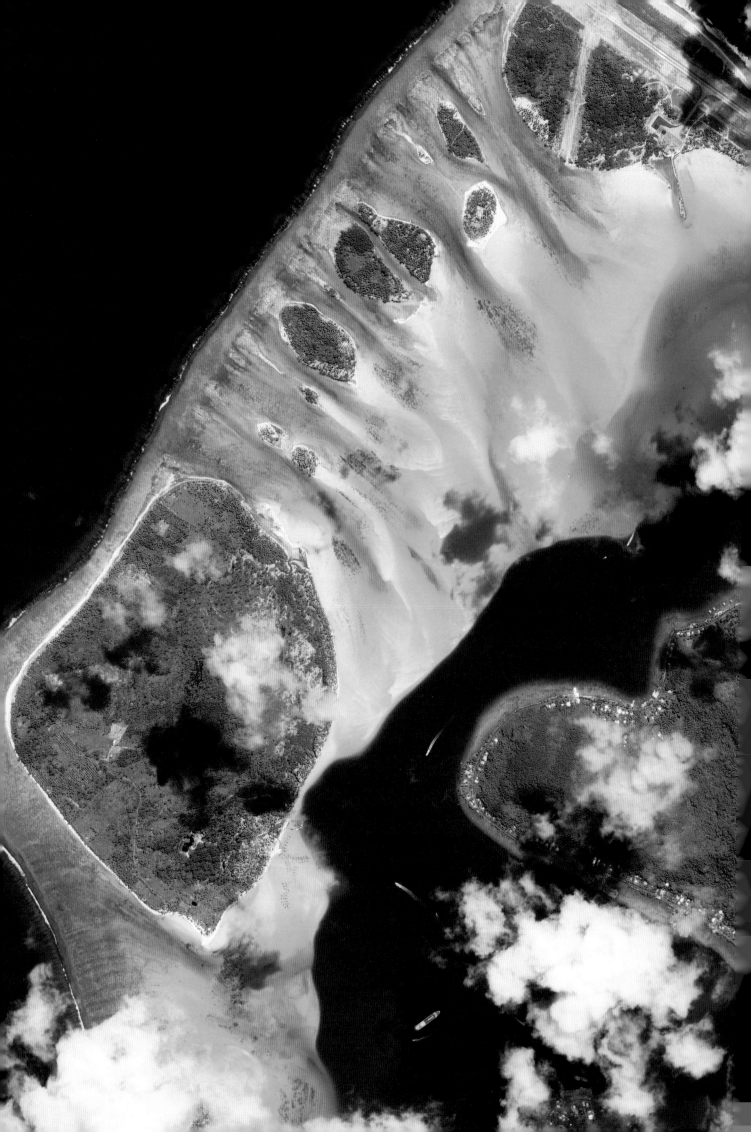

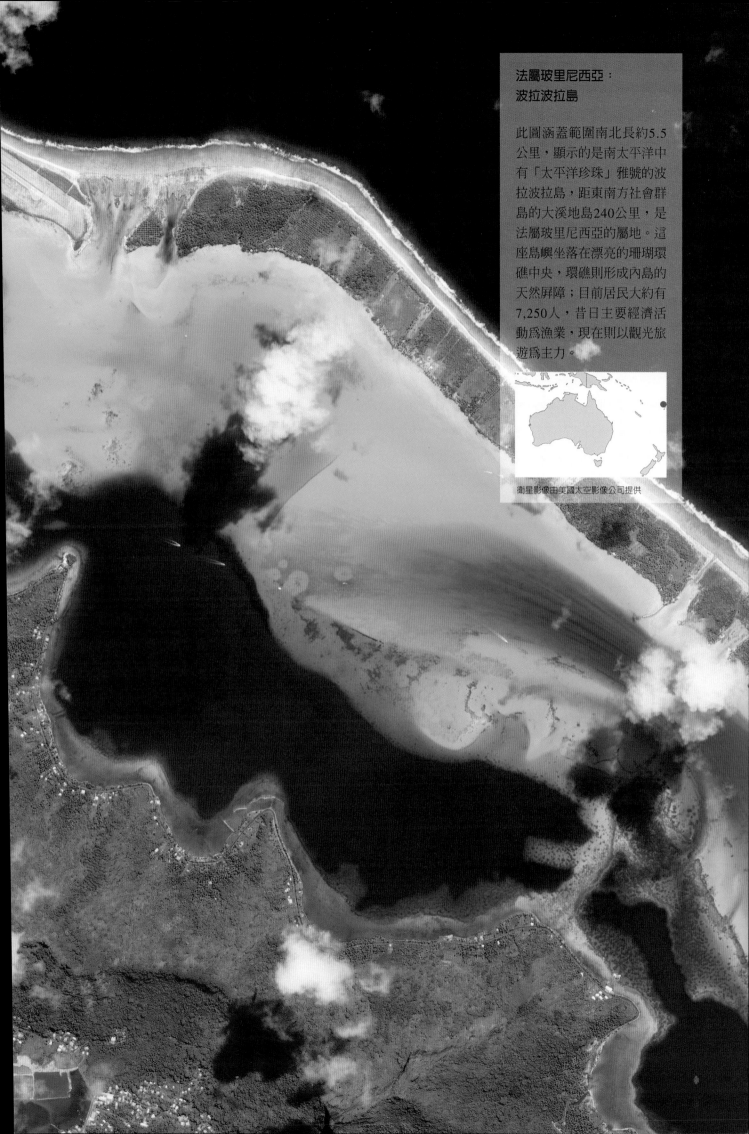

法屬玻里尼西亞：
波拉波拉島

此圖涵蓋範圍南北長約5.5
公里，顯示的是南太平洋中
有「太平洋珍珠」雅號的波
拉波拉島，距東南方社會群
島的大溪地島240公里，是
法屬玻里尼西亞的屬地。這
座島嶼坐落在漂亮的珊瑚環
礁中央，環礁則形成內島的
天然屏障；目前居民大約有
7,250人，昔日主要經濟活
動爲漁業，現在則以觀光旅
遊爲主力。

衛星影像由美國太空影像公司提供

北美洲

格陵蘭、加拿大、美國和墨西哥涵蓋的土地面積，超過2,400萬平方公里。加拿大和美國分居全世界第二和第四大國，這兩個國家在其他方面也有相似之處。加拿大的國土面積略勝美國，總人口約3,200萬人，美國人口則超過3億人；難怪加拿大的人口密度會在世界最低之列，每平方公里不到三人。事實上，加拿大人口絕大多數都集中在國土南端，大半地區都杳無人跡，北部幾乎全是廣大空曠的北極圈荒原。不算澳洲，格陵蘭是世界第一大島，人口分布更為極端，全境有80%都是無人居住的冰帽地形，人口密度當然是全球最低，每平方公里只有0.1人。

美國有半數人口集中在規模逾百萬人的大都會區，因此也有不少地區地廣人稀。毗鄰的蒙大拿、懷俄明和南北達科他等四州面積加總起來，與法國、德國、低地國（荷比盧三國）和瑞士的國土總面積相近，但四州的總人口數卻只有巴黎的四分之一。相反的，紐約和費城大都會區卻有近3,000萬的人口。

美國幅員遼闊，從北極圈到亞熱帶擁有多種地貌及氣候類型。整體而言，東部較為潮濕肥沃，西部則較乾燥貧瘠。內華達州、亞利桑那州和加州的沙漠區，年平均降雨量不到12.5公分；但西北部林木茂密的太平洋岸卻是特例，年降雨量高居全國之冠。

北美洲最明顯的地理特徵是兩座山脈：東邊的阿帕拉契山脈，以及西邊年代較近、侵蝕較不嚴重的落磯山脈，向北一直延伸到接近阿拉斯加。兩座山脈中間為北美大平原，這片廣袤的區域橫越美國中心地帶，絕大部分都是平坦的草原。

北美洲最長的河川為密西西比河，全長6,020公里，是世界第四長河，位居一複雜河系的中心。此河系大致呈南北走向，幾乎從北邊的五大湖區擴展到墨西哥灣。北美洲最高山為阿拉斯加的麥金利山，海拔6,194公尺；美國境內的最低點為加州的死谷，低於海平面86公尺，也是北美洲最炎熱的地方。

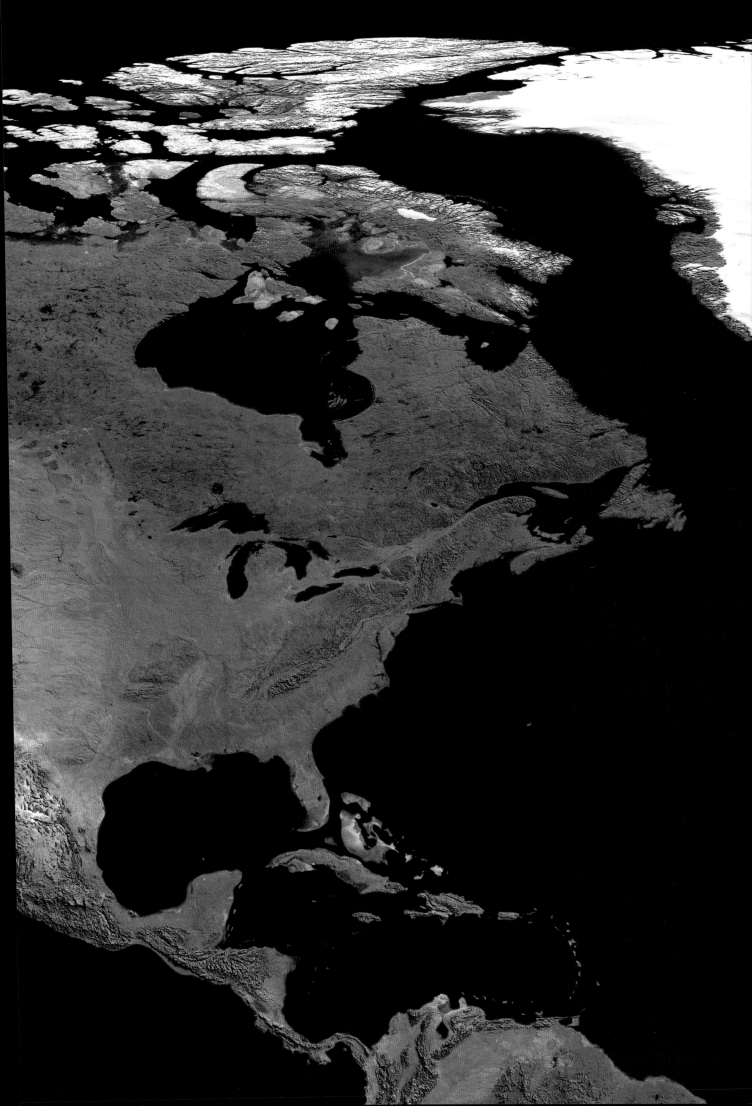

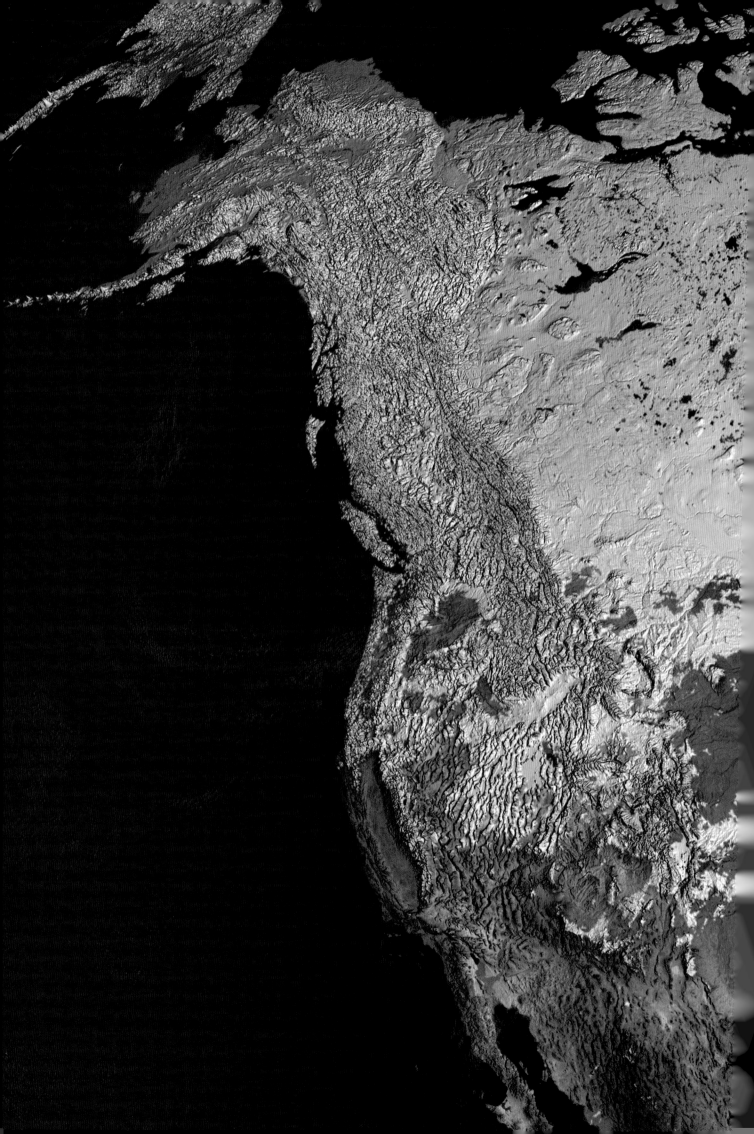

北美洲：雪蓋面積

這張壯觀的合成影像是加拿
大和美國中部被冰雪覆蓋的
景象，係由美國太空總署的
測地衛星和測水衛星所攝得
（主要任務爲測量全球每日
地表的雪蓋面積，攝於2002
年2月2日到2月9日）。積雪
是重要的水源，美國西部就
有75%以上的淡水來自融雪
逕流。這類衛星資料在有效
管理全球水資源儲量及預測
洪水方面，都相當重要。

美國：阿拉斯加

這張衛星照片攝於2001年11月初，畫面中是阿拉斯加罕見的萬里無雲
景象，可以清楚看出嚴冬已開始襲擊這片遼闊空曠的大地。最特別的
地貌出現在畫面右上方，星花般的湛藍以崎嶇雪白的阿拉斯加山脈為
背景，北美洲的第一高峰麥金利山即坐落於此，海拔6,194公尺，在
漸弱的日光下投射出巨大陰影；畫面左下方則是伸入太平洋的阿拉斯
加半島。

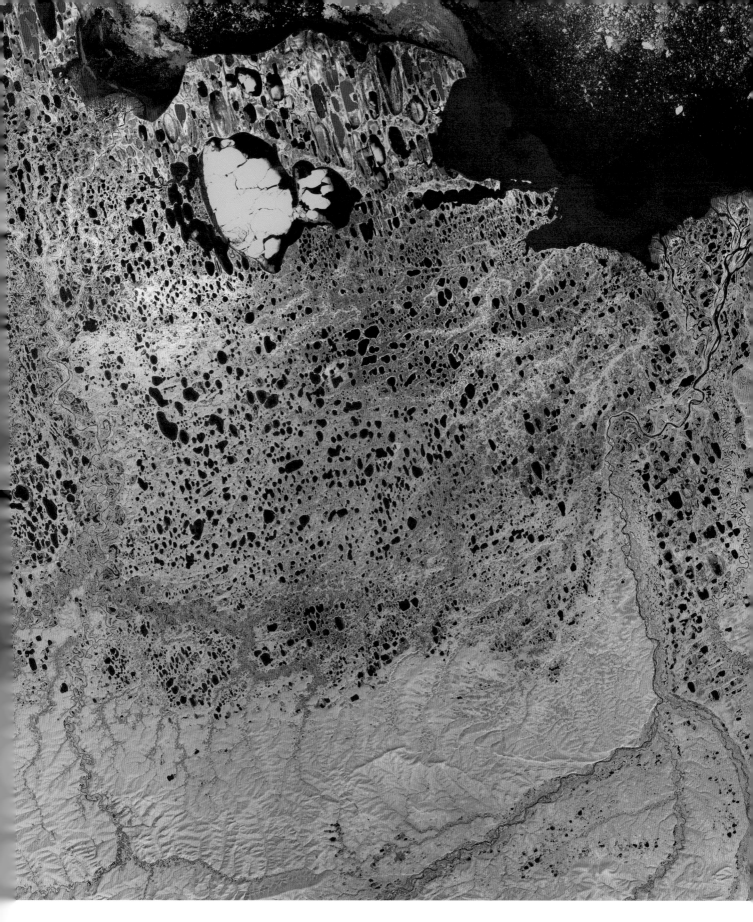

美國：阿拉斯加與波福海岸

這張照片攝於短暫的夏季期間，涵蓋範圍南北長約200公里，畫面上是阿拉斯加遼闊的北海岸。上方是冰山羅列的波福海（屬於北極海的一部分），下面的粉紅色區域是沼澤凍原，數以百計的小湖泊縱橫交錯；底部的綠色地帶則是稀疏的耐寒植被。

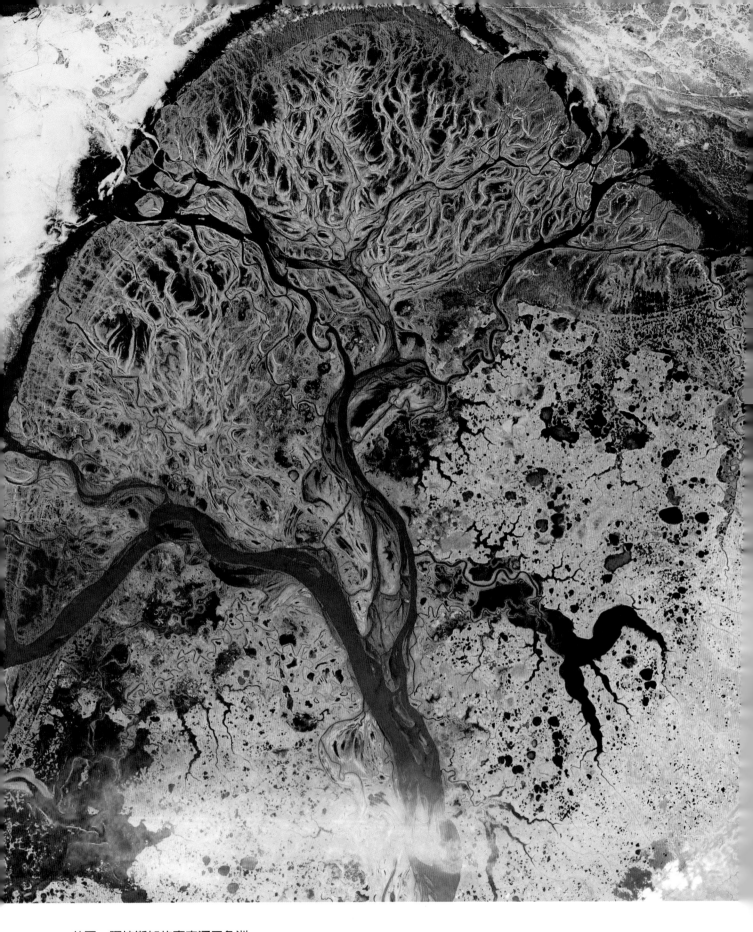

美國：阿拉斯加的育空河三角洲

馬肯吉山脈為落磯山脈北端的延伸，形成阿拉斯加育空河與馬肯吉河的分水嶺，育空河即由此向北再向西緩流3,185公里後注入冰冷的白令海。三角洲範圍廣闊，湖泊與河道密布，宛如錯綜複雜的巨型迷宮。儘管環境艱困，仍孕育出種類繁多的野生動植物。此圖涵蓋範圍南北長約100公里，頂端白色區域都是層冰。

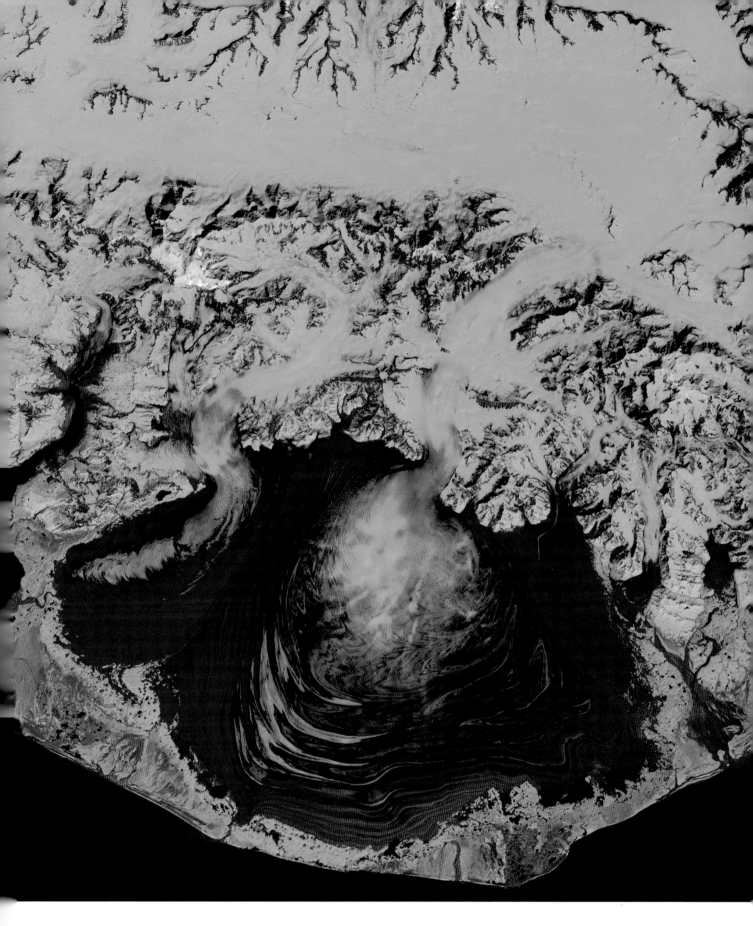

美國：阿拉斯加的馬拉斯皮納冰川

馬拉斯皮納冰川是阿拉斯加地區最大的冰河，由左邊的阿加西冰河和右邊的西華德冰河組成。西華德冰河是典型的山麓冰川，寬65公里、長45公里，巨大的塊冰擠過狹窄山谷到下方的遼闊冰原後，擺脫地形侷限而開展成寬廣的裙狀，一路延伸到近海地方。

加拿大：溫哥華

210   溫哥華為不列顛哥倫比亞省的首府，是加拿大西岸唯一的知名城市，總人口近50萬人。該市位置在畫面近中央處，北倚海岸山脈群峰，南望外海星羅棋布的諸島；境內有夫拉則河流經，夫拉則河分岔出許多水道，最後流入喬治亞海峽。拜太平洋之賜，溫哥華是全加拿大氣候最溫和的城市，天然港終年不結冰。

加拿大：艾士米爾島

艾士米爾島東北端就是加拿大的極北點，已深入北極圈內，絕大部分
都覆蓋著冰岩，是幾乎不降雨的極地荒漠。由於植被稀疏且氣候嚴
寒，只有少數幾種最頑強堅忍的動物能在此區生存。此圖涵蓋範圍南
北長約50公里，在眾多冰河中可以清楚看見有兩條冰河入海後碎裂開
展成冰山。

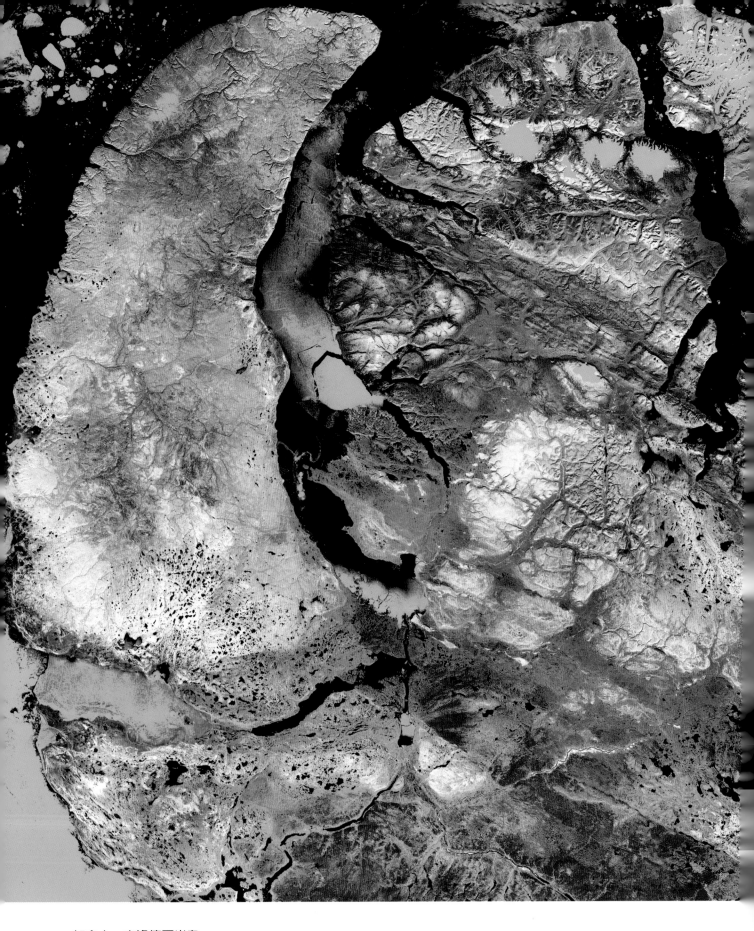

加拿大：布洛德爾半島

此圖涵蓋範圍相當大，南北長約390公里。畫面左邊螯狀的大型區域是布洛德爾半島，最南端以一狹長陸橋與東南方的巴芬島相連，四周海域即使在夏季也有浮冰。北邊是蘭卡斯特灣，位於滿布塊冰的西北航道東端。

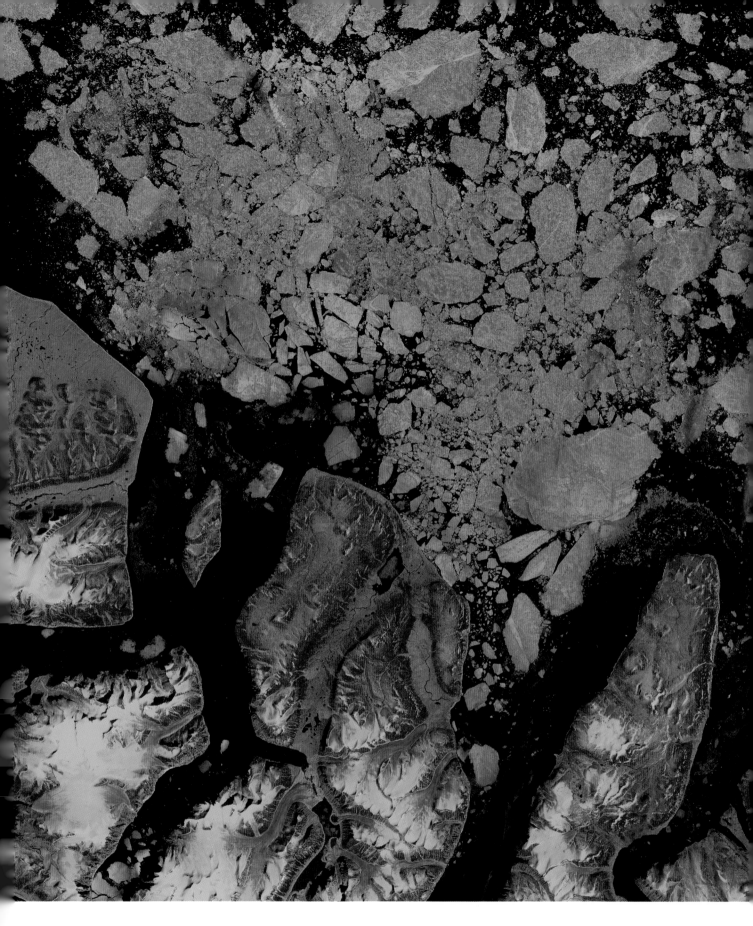

加拿大：巴芬島東岸

巴芬島東岸群山環繞，該島面臨戴維斯海峽和巴芬灣，在冰河作用與海浪沖激的雙重侵蝕下，布滿峽灣般的鋸齒狀港灣。此圖涵蓋範圍南北長約100公里，淺藍色區域是包括無數冰山的冰雪區；綠色部分是植被，只能在有遮蔽之處生長。

格陵蘭：詹姆森地與哈爾地峽灣

除了少數沿海地區，格陵蘭在地理上被視爲是北美洲的一部分，面積廣達217萬平方公里，爲世界第一大島。除了西岸的狹長地帶外，幾乎全是冰天雪地的世界，部分地區冰層甚至厚達3公里，總冰雪量占全球淡水的10%。此圖涵蓋範圍南北長約150公里，畫面所見是島上幾無冰雪覆蓋的珍貴區域，爲麝牛、北極狐、雁鴨及許多極地鳥類提供棲息地。

從衛星看地球

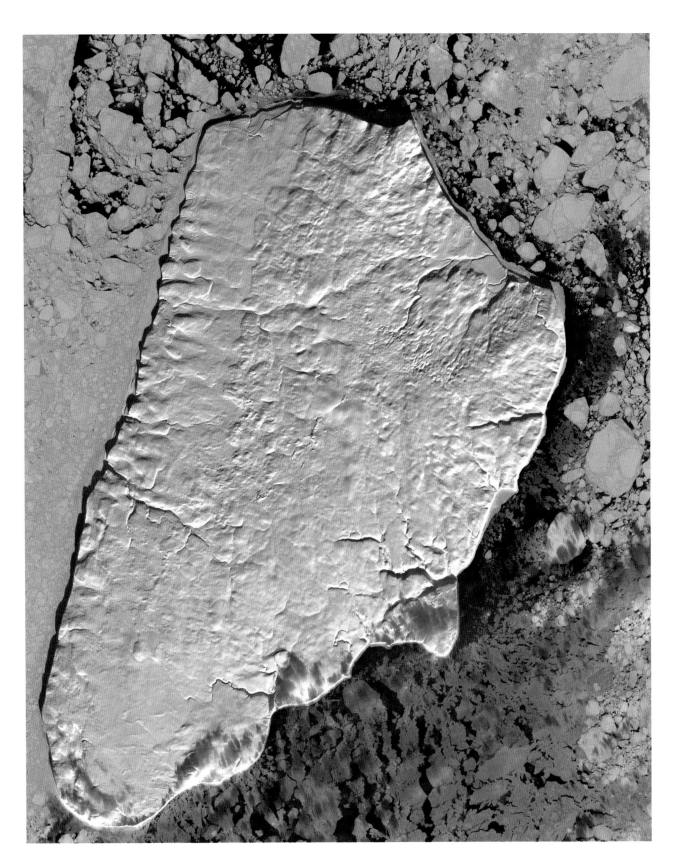

加拿大：亞克帕塔克島

此島坐落在魁北克北部哈得遜海峽的恩加瓦灣內，長43公里、寬24公里。懸崖峭壁高達150到245公尺，看起來就像是從海中陡然拔起一樣，只能搭乘直升機往返。最後一批島民因努伊特人於1900年起遷居他處，但這裡仍是該部族捕捉海象和鯨魚的傳統狩獵區。畫面下方的紅色薄紗狀圖案是雲朵。

加拿大：曼尼夸干湖

魁北克境內的曼尼夸干湖，是在大約二億一千萬年前由一顆直徑可能
為5公里的小行星衝撞地表所形成，撞擊坑直徑寬達70公里，爆炸威
力據估計可能造成地球上約60%的物種滅絕。中央陸地為典型的回彈
抬升地形，係撞擊時數百萬噸地表物質突遭移除所形成。

加拿大：魁北克與聖羅倫斯河

聖羅倫斯河從大西洋一路深入加拿大內地，即斜越過畫面的豔藍色部分。1535年，法國探險家卡蒂埃首先穿越此河。魁北克市是加拿大魁北克省的首府，位於聖羅倫斯河道急遽窄縮處（「魁北克」在亞爾岡昆印第安語的意思就是「窄道」），即畫面中央最大島的正下方。1603年，由當時的法國探險家尚普蘭所闢建，至今仍是全加拿大法國味最濃的一座城市。

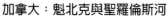

美國：紐約

這張假色照片裡的灰色部分是都會區,紅色是植被。畫面中央偏左上方、如手指般纖長的陸地就是紐約中心曼哈頓,東西兩邊各有東河和哈得遜河環繞,中央公園也清晰可見。長島在紐約右方,往畫面右上角延伸;左邊是新澤西州的紐渥克,而南邊呈南北走向沿大西洋海岸伸展的,則是一長串密集的度假聖地。

218

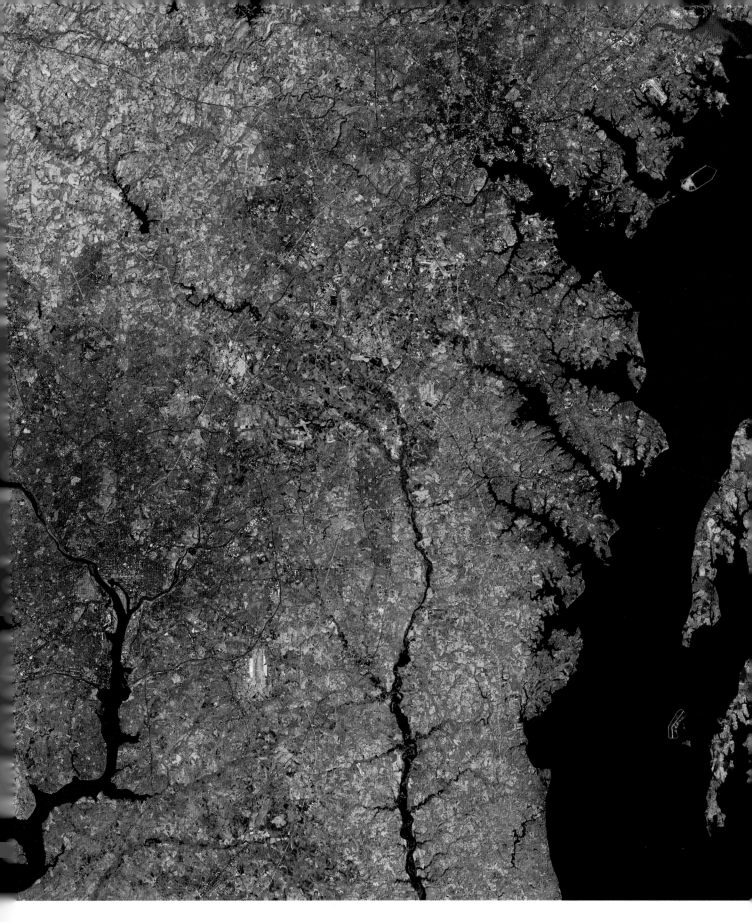

美國：華盛頓特區與巴爾的摩

華盛頓特區為美國的聯邦首府，即畫面中央偏左下方的大片藍色稠密區，瀕臨河道蜿蜒、河岸陡峻的波多馬克河。波多馬克河由左下角盤曲向上，成為左側維吉尼亞州和右側馬里蘭州的天然州界。畫面右方寬廣的黑色地帶是契沙比克灣（更貼切來說，應該更像是有深長裂縫的小水灣），左岸靠近頂端處即為巴爾的摩。

美國：華盛頓特區的國家
廣場

華盛頓特區的整體布局雄偉
而氣派，以兩個寬廣的街景
為主，最宏偉的那條大道呈
東西走向貫穿整個特區，從
畫面最左側的林肯紀念堂經
過168公尺高的華盛頓紀念
碑，接著再沿著國家廣場，
最後抵達有魁偉圓頂的國會
山莊。傑佛遜紀念堂則坐落
在畫面中間偏左下方，與白
宮遙相對望。

衛星影像由美國太空影像公司提供

美國：邁阿密與大沼澤地

圖右下角的邁阿密是佛羅里達州的第一大城，有諸多水道縱橫交錯，
並與一連串零星小島相望。畫面右方相當清楚的細長白線為邁阿密海
灘，幾乎呈正南北走向，也看得到從東南斜流向西北的邁阿密運河。
左邊暗色區塊是大沼澤地國家公園的邊緣地帶，由於多為浸水的沼澤
地，反射出的電磁輻射量極少，因此色澤偏暗。

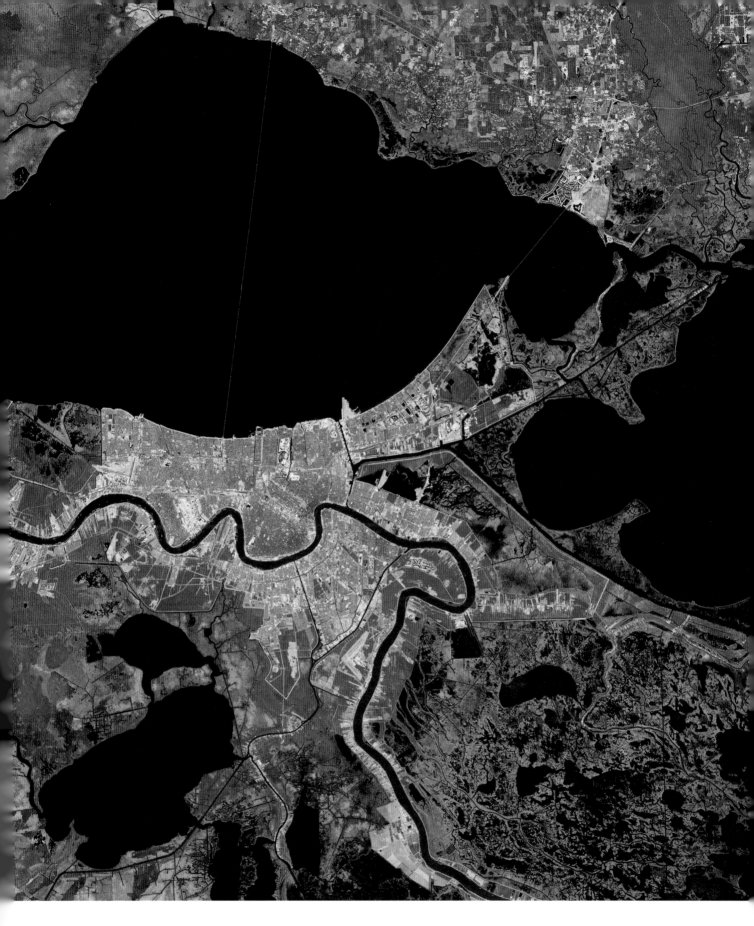

美國：紐奧良與朋丘特蘭湖

畫面上方中央近似菱形的寬廣水體為朋丘特蘭湖，緊臨於南方的淡藍灰色區域就是紐奧良。斜著流向右下角的曲折深藍色線條是密西西比河，市中心就介於密西西比河彎繞出的不規則U形水道之間。由於在紐奧良北邊的密西西比河上築壩，淤泥無法繼續補強三角洲，使得紐奧良正緩慢沉入墨西哥灣中。

美國：芝加哥

芝加哥沿密西根湖西南岸延展35公里，總人口約870萬，四周郊區廣闊，以芝加哥為中心的大都會區人口已逾900萬人，為全美第三大城市，也是重要的工商業、金融及運輸中心。畫面中從西南端深入市中心的細線，是芝加哥環境衛生與航行運河。

美國：聖路易

聖路易是美國境內重要的河川匯流點，包括密西西比河（畫面左上方）、伊利諾河（中間偏左上方）以及密蘇里河（中間偏左下方），三河交匯後即稱為密西西比河，繼續向南流到紐奧良後注入墨西哥灣。由於植被範圍和森林覆蓋率縮小，沖積平原因而擴大。此圖涵蓋範圍南北長約100公里，左右各為密蘇里州和伊利諾州轄地。

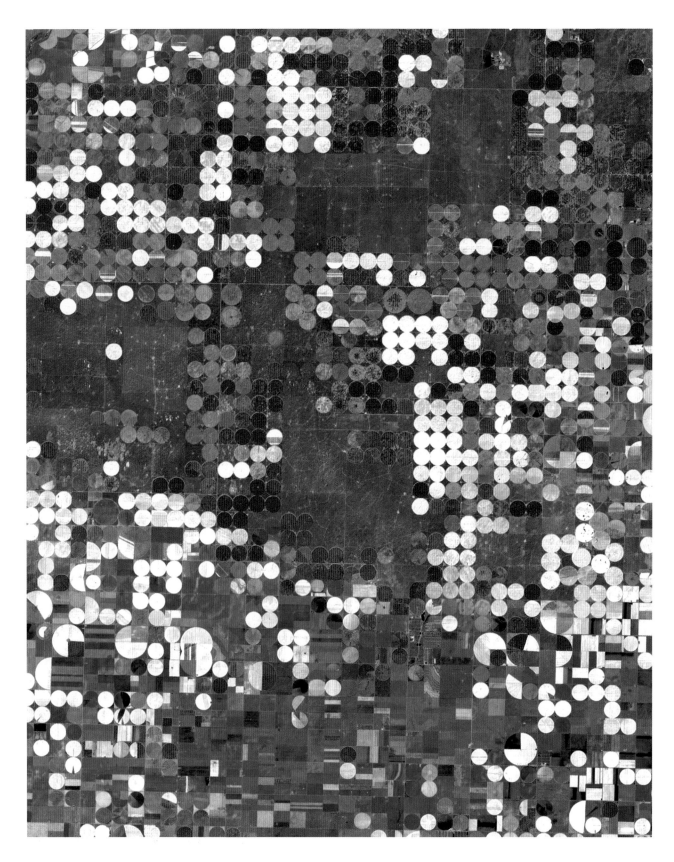

美國：加登城

這張相當奇特的影像是堪薩斯州西南方加登城外的灌溉農地，每塊農地的直徑約1公里，全都使用中心軸自動灑水灌溉系統，因此形成獨特的圓形圖案。每個圓圈都代表一塊農地，紅色圓圈表示植被茂盛，較淺色的圓圈則代表作物已收割。由於此區從1970年代開始採用中心軸自動灑水灌溉系統，地貌改變明顯，原本典型的大片短草原，如今已成爲玉米、小麥和高粱等產量豐富的農業區。

美國：鹽湖城

猶他州大鹽湖位於畫面最上方，左邊淺藍色及青綠色的區域是淺灘。
畫面右下角是猶他湖，右方南北向的綠色溝槽型地貌是瓦沙契山脈的
一部分，其左方呈灰藍色的寬闊山谷就是鹽湖城。賓漢谷銅礦場在鹽
湖城西南方32公里處，看起來像個隕石撞擊坑，這是全世界最大的露
天開採場。

美國：哥倫比亞高原

哥倫比亞高原延伸逾50萬平方公里，橫跨華盛頓州東部、俄勒岡州東
部和愛達荷州西部。在地質上，這個高原是相當特別的巨型火山熔岩
區，有些地方厚達3,048公尺，係一千七百萬年前火山連續大規模爆
發所形成。此圖涵蓋範圍南北長約60公里，只是哥倫比亞高原的一小
部分（在俄勒岡州境內），並有奧懷希河流過。

美國：火口湖

這是俄勒岡州西部的火口湖，望文生義就知道是因為火山作用而形成（火山臼被水淹蓋後就是火口湖），最近一次噴發在七千年前。此湖直徑10公里，以湛藍清澈的湖水聞名，通常可以清楚看到湖面下30公尺的景色；水深592公尺，也是全美最深的一座湖泊。湖西緣的巫師島，則是在後來的一次火山爆發時形成。

美國：舊金山灣

舊金山位於畫面中間偏左上方,就在分隔左邊太平洋和右邊舊金山灣的舊金山半島北端,東邊與其相望的城市是奧克蘭,聖荷西在舊金山灣南端。這幾座城市合併爲舊金山大都會區,總人口超過400萬人。圖中還可看到橫越灣口、連結舊金山和莎莎里多小鎮的金門大橋。

美國：舊金山市中心

這張聚焦舊金山商業區的奇特影像採42度斜角拍攝，刻意製造一種居
高臨下的透視感。儘管規模與繁榮兼具，但舊金山卻和洛杉磯一樣都
位於聖安地列斯斷層上，1906年4月曾發生遠至內華達州都感受得到
的大地震，加上接踵而來的火災更讓情況雪上加霜。畫面底端是1936
年啟用、連接舊金山和奧克蘭的海灣大橋。

231

美國：優勝美地國家公園

優勝美地國家公園位於南加州靠近內華達州邊界之處，即位於這張照片的上半部，右方還有一座醒目的莫諾湖（畫面右上角）。這座國家公園層巒疊嶂，還有高山草原及震耳欲聾的瀑布，是全美最壯闊的自然景觀之一，也是一處管制嚴格的自然生態保護區。畫面中呈南北向排列的是內華達山脈的覆雪山峰。

衛星影像由美國太空影像公司提供

美國：優勝美地國家公園的酋長岩

整張照片的焦點是酋長岩（美國原住民印第安人稱為「流星」），高
1,100公尺，是全世界地表上最大的一塊花崗岩。酋長岩是冰河磨蝕
作用形成的典型範例，谷地較軟的岩塊受冰河作用搬除夷平後，就留
下幾乎無法破壞的花崗岩完好矗立著。酋長岩位於優勝美地國家公園
中心的優勝美地谷北側。

233

美國：洛杉磯

南加州的洛杉磯擁有超過380萬的人口，整個大都會區總人口則有
1,670萬人，為全美第二大城。這張照片具體呈現出這個城市往郊區
大範圍擴張的景象，市中心位於淺色區塊的中央，呈東西向大幅伸
展，正南方為洛杉磯的港口長堤市，正北方是好萊塢。全世界最昂貴
的住宅區比佛利山莊，就在好萊塢山丘的偏西南方。

美國：死谷

在南加州東緣的死谷是1849年加州淘金熱時，由途經此地的淘金客所命名。這個寬闊的山谷（即圖中從左上斜向右下的醒目藍色部分），東臨阿馬戈薩嶺，西倚帕納明特山脈，最低點在海平面下86公尺。美國最高溫紀錄攝氏56.6度即出現在此，時間為1913年7月。

美國：米德湖

畫面上方中間的不規則形黑色水體就是米德湖，1930年至1936年間在
亞利桑那與內華達州邊界興築胡佛水壩（原名波爾德壩）時產生了這
座全世界最大的人工湖。湖水主要來自科羅拉多河（即畫面右方的綠
色線和粉紅色線），當這條河出大峽谷後（見238頁）便灌注入湖。湖
左邊的綠色區塊是知名賭城拉斯維加斯。

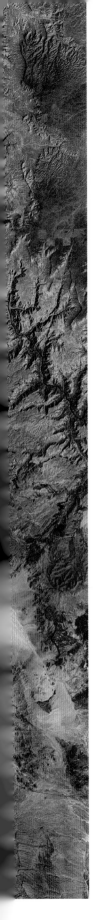

衛星影像由美國太空影像公司提供

美國：拉斯維加斯

拉斯維加斯所在地是全世界數一數二的乾燥地區，夏季氣溫經常高達攝氏40度。從1931年起，因爲內華達州賭博行業合法化，加上空調技術的發展，讓拉斯維加斯蛻變爲全美成長最快的都會區，從1940年代開始迅速發展爲博弈及娼業中心。畫面中央往右上方彎曲的深色道路是拉斯維加斯大道，兩旁豪華賭場林立，目前全賭城有超過88,000間旅館住房。

237

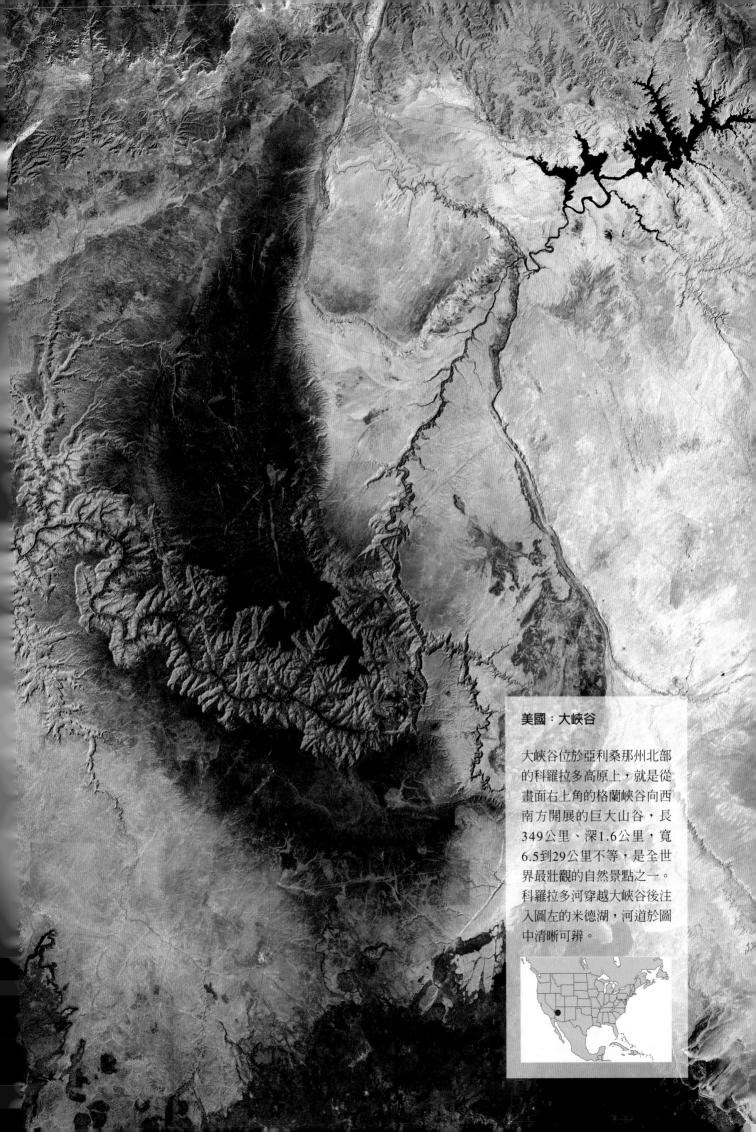

美國：大峽谷

大峽谷位於亞利桑那州北部的科羅拉多高原上，就是從畫面右上角的格蘭峽谷向西南方開展的巨大山谷，長349公里、深1.6公里，寬6.5到29公里不等，是全世界最壯觀的自然景點之一。科羅拉多河穿越大峽谷後注入圖左的米德湖，河道於圖中清晰可辨。

美國與墨西哥：帝王谷

240　　帝王谷坐落在加州和墨西哥邊界上，低於海平面70公尺且夏季氣溫超過攝氏46度，是全世界最低又最熱的地點之一。得科羅拉多河的水源灌溉之利，此區成功轉型爲豐饒富庶之區，與畫面北端死氣沉沉的鹹水湖索爾頓海截然不同。畫面中的紅色區塊是植被，在美國境內的植被豐富得多，墨西哥境內則較乾燥。

美國：夏威夷歐胡島

歐胡島雖然不是夏威夷群島中的最大島（譯按：最大島是夏威夷島），但夏威夷州的首府暨第一大城檀香山卻坐落於此，因此也讓歐胡島成為主要的政經及旅遊中心，同時也是重要的太平洋樞紐。圖中所示是歐胡島東岸的卡內歐荷和鄰近的卡內歐荷灣淺灘，此圖涵蓋範圍南北長約8公里。

241

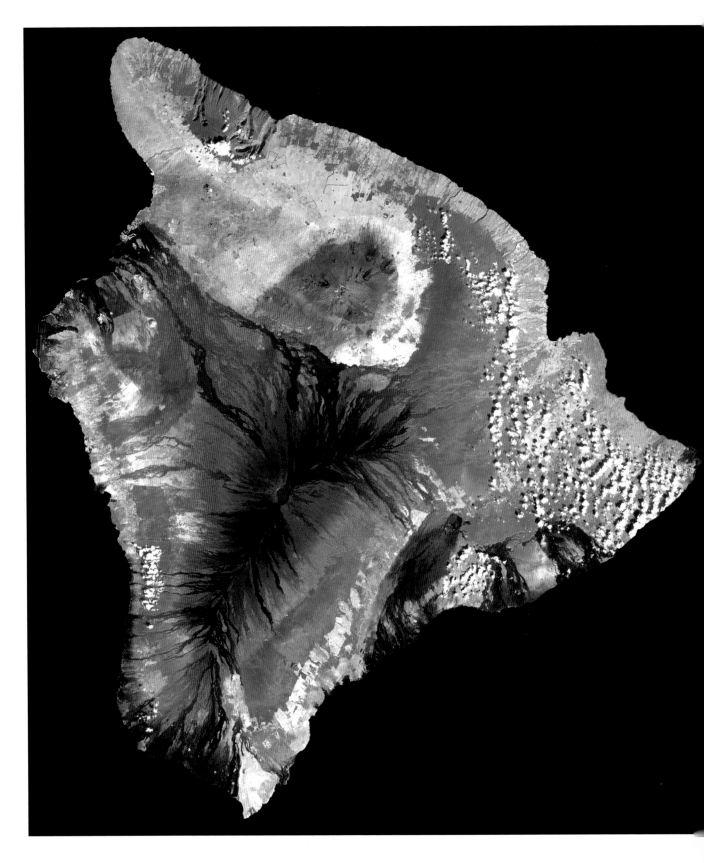

美國：夏威夷

太平洋中部的夏威夷群島是全世界最長的島鏈，共有132座大大小小
的島嶼從東南斜向西北在太平洋上伸展長達2,430公里，夏威夷島則
位於最東端。在八個主島中，每個島都至少有一座火山，夏威夷島上
更多達五座，其中位於東南岸的奇勞亞火山是兩座活火山之一，也是
目前地球上最活躍的火山；上圖依稀可見從其頂峰冒出的一縷輕煙。

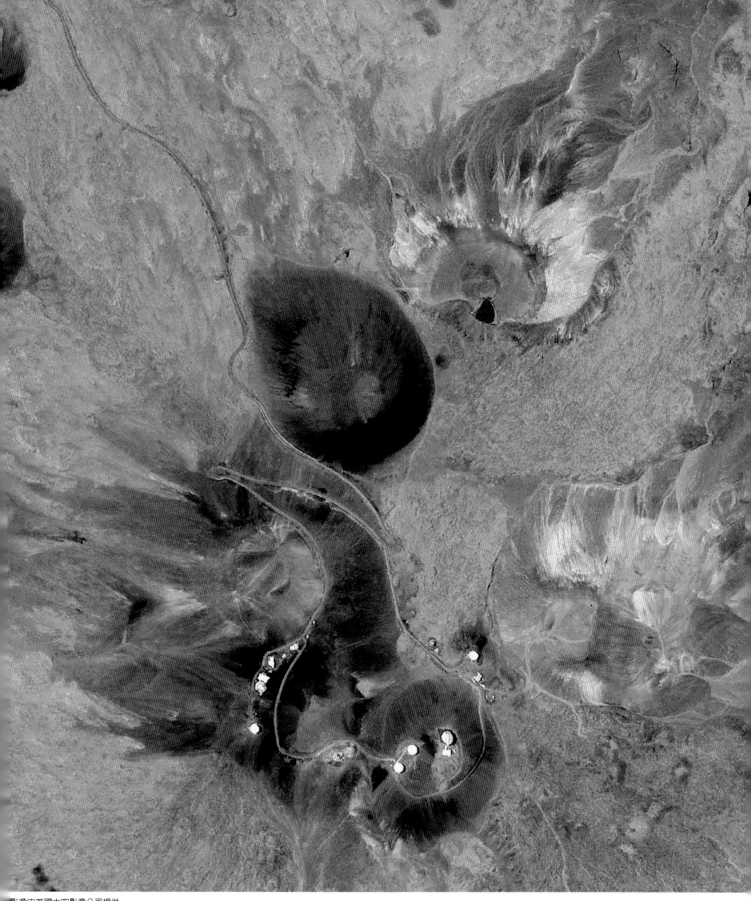

美國：毛納基峰天文台

毛納基峰是臨近夏威夷東岸的一座休火山，最後一次爆發可能是在三千五百年前。綴滿火山熔岩的頂峰高4,205公尺，為太平洋的最高點。由於高出島嶼平常的雲底高度，空氣格外乾燥；再加上遠離人口稠密區而幾無光害，因此成為相當理想的世界級地面天文觀測中心。從1960年代起就有十一個國家陸續在此架設起十三座巨型望遠鏡，由天文學家駐守操作。

243

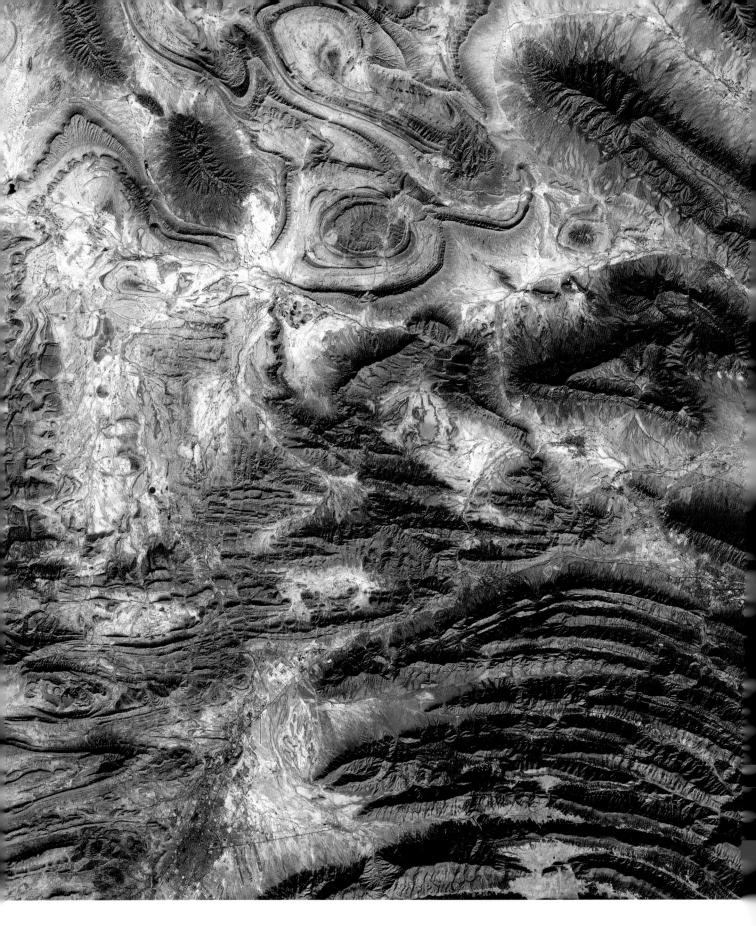

墨西哥：東馬德雷山脈北部

244　此圖涵蓋範圍南北長約100公里，畫面所見是東馬德雷山脈北部。東馬德雷山脈盤踞在墨西哥中部廣闊且不宜人居的高原東緣，與南北向的墨西哥灣岸平行，延伸長達1,130公里，地形類型從濕熱又植被密布的向海山坡到乾旱又貧瘠的內陸山地不一而足。

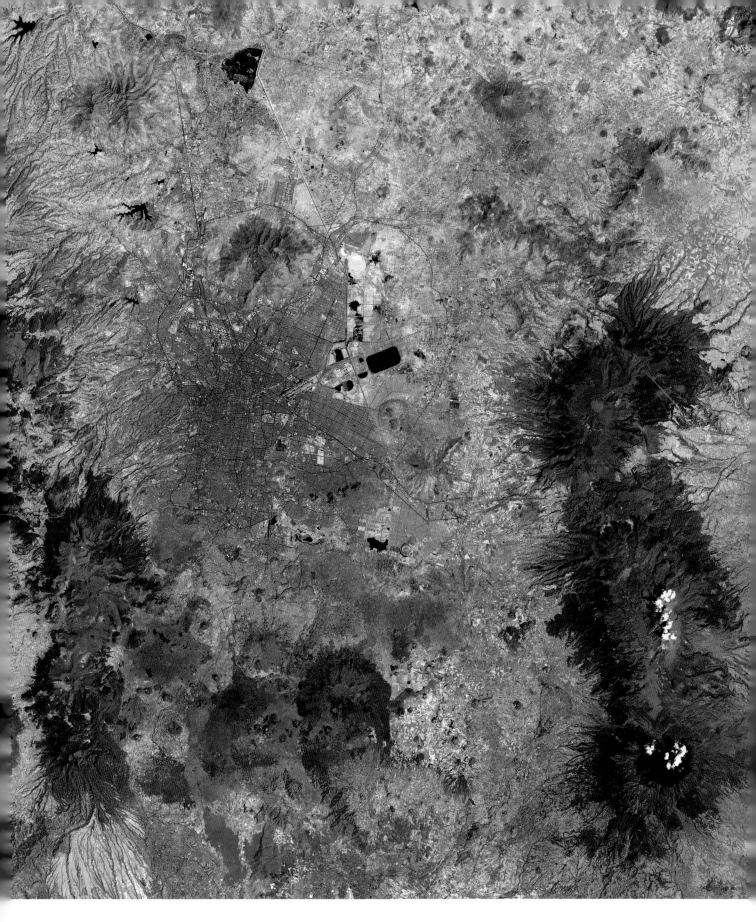

墨西哥：墨西哥城

墨西哥城的平均海拔為2,200公尺，是全世界最高的都會區，面積超
過3,800平方公里，目前總人口數超過1,900萬。這般規模的大都市用
水需求量驚人，每秒達60,000公升，因此主要水源（即城市下方的地
下湖）急速耗竭，致使墨西哥城隨之緩慢沉陷，過去一百年來就下陷
了7.5公尺。

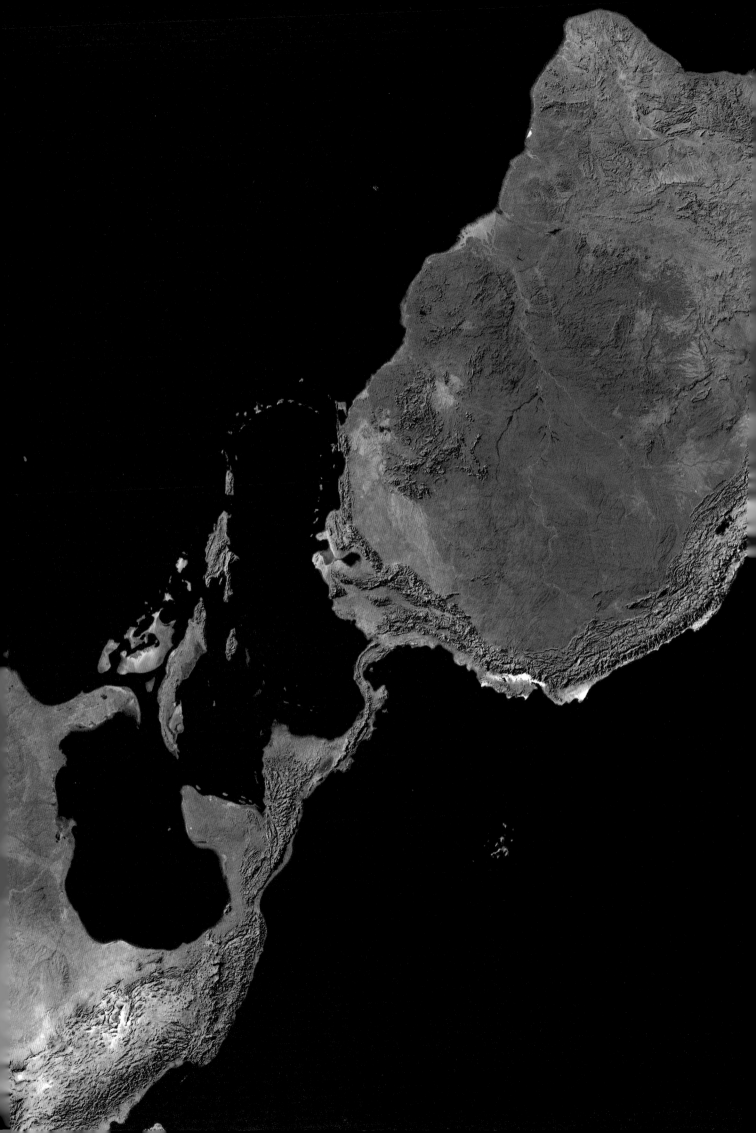

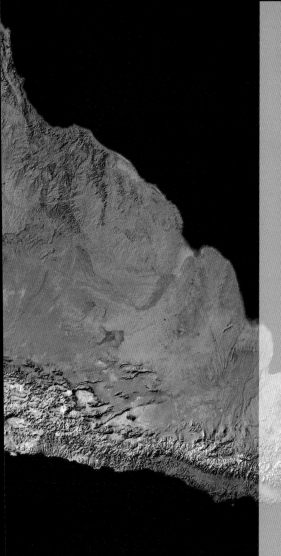

南美洲

美洲南北兩大陸塊之間僅以狹長的陸橋相連，最窄處在巴拿馬，只有80公里。陸橋北邊為熱帶中美洲的茂密森林及山峰，東邊則是島嶼羅列的加勒比海大弧灣。南美洲面積1,780萬平方公里，占世界陸地總面積的11.9%，雖然只排名第四大，但偏遠的內陸絕大部分都是到了1970年代有了雷達設備的人造衛星後，才能穿透雲層首度完整繪製成圖。

南美洲在三百萬年前才與中美洲接壤，地形和氣候型態上變化極大，最明顯的對比是潮濕雨林和乾旱山地之間的差異。遼闊的雨林橫越南美洲最大國（同時也是世界第五大國）巴西；而乾燥的安地斯山脈盤踞南美洲西岸全線，總長7,250公里，輕鬆拿下全世界最長山脈的頭銜，最高峰阿空加瓜山峰超過6,800公尺。安地斯山的的喀喀湖是全世界有航運之利的最高湖泊，橫跨玻利維亞和祕魯邊界，海拔近4,000公尺；全世界最高的鐵路也在這裡，從祕魯首都利瑪到萬卡約攀升到4,843公尺（譯按：此世界紀錄隨者2006年7月1日中國青藏鐵路通車後已被刷新，最高點為海拔5,072公尺的唐古拉山車站）。這幾個城市都盛產能在貧瘠土壤及高海拔地區生長的馬鈴薯。向北流的洪保德涼流產生的冷空氣，使安地斯山脈出現全世界乾燥程度數一數二的氣候，例如智利北部亞力加鎮的平均年降雨量不到10公釐；再往南邊的亞他加馬沙漠，四百年來甚至完全測不到降雨量。

安地斯山脈也是亞馬遜河的發源地。亞馬遜河為世界第二長河，總長6,450公里，向東流經全世界最大的雨林後注入大西洋，涵蓋面積廣達700萬平方公里，因此也是世界上流域最廣的一條河流。雖然目前有約10%的亞馬遜雨林已遭到徹底砍伐，仍占世界雨林的三分之一左右。

南邊則為阿根廷中部和烏拉圭的彭巴草原，這是一大片幅員遼闊的肥沃牧草地，從十九世紀起即有許多大型牧場。再往南走，陸地逐漸縮小變細，直抵最南端火地島嶺德蓋冰雪覆蓋的迎風荒原。

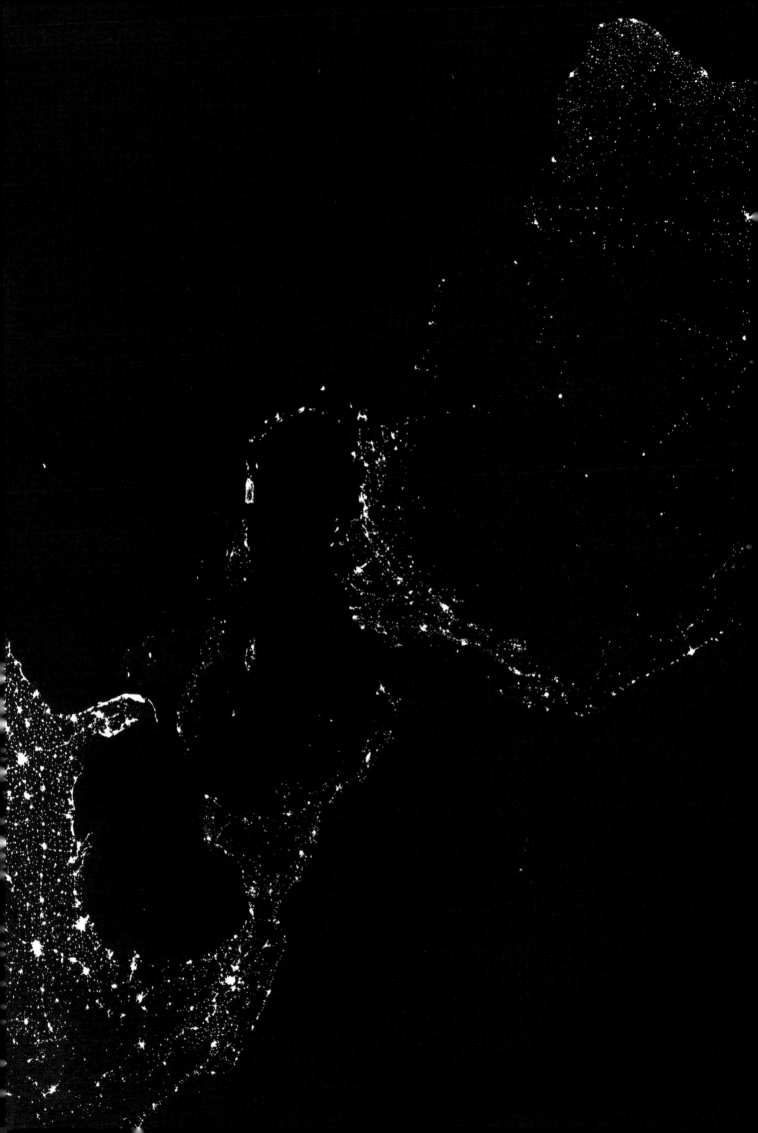

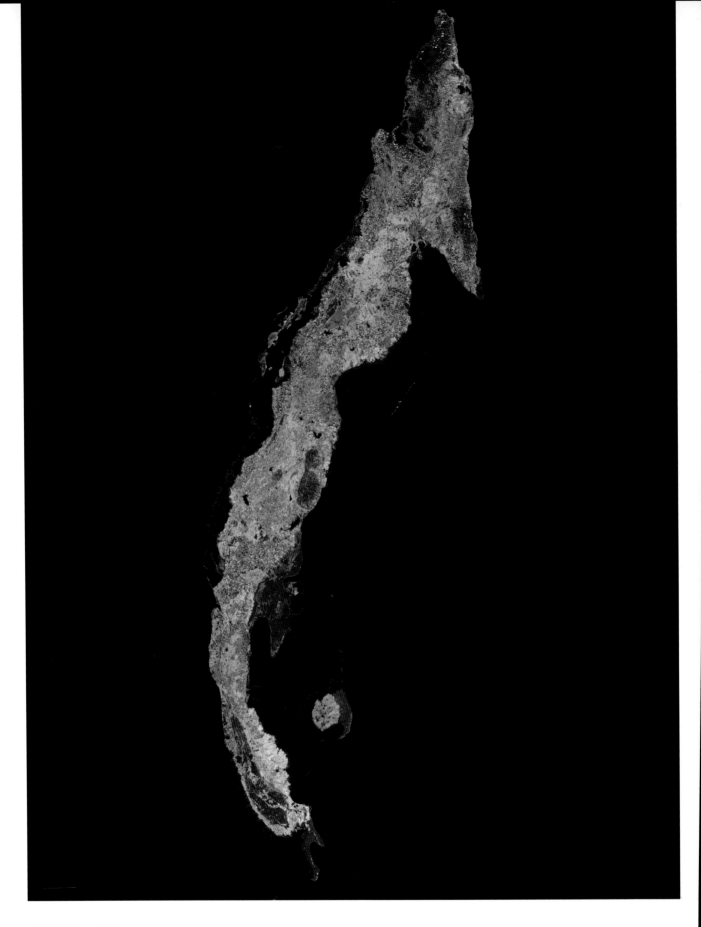

加勒比海：古巴

古巴是加勒比海群島中的第一大島，有「加勒比海珍珠」之美譽，纖指般的陸地長1,260公里，最窄處僅寬32公里。島上各點離海都不超過80公里，可知海岸線的長度有多麼不成比例，總長達5,500公里。古巴全境大部分都是低漥肥沃的土地，只有畫面上方中間的東南部有山脈盤據。首都哈瓦那位於畫面左下方的西北海岸上（圖左為北）。

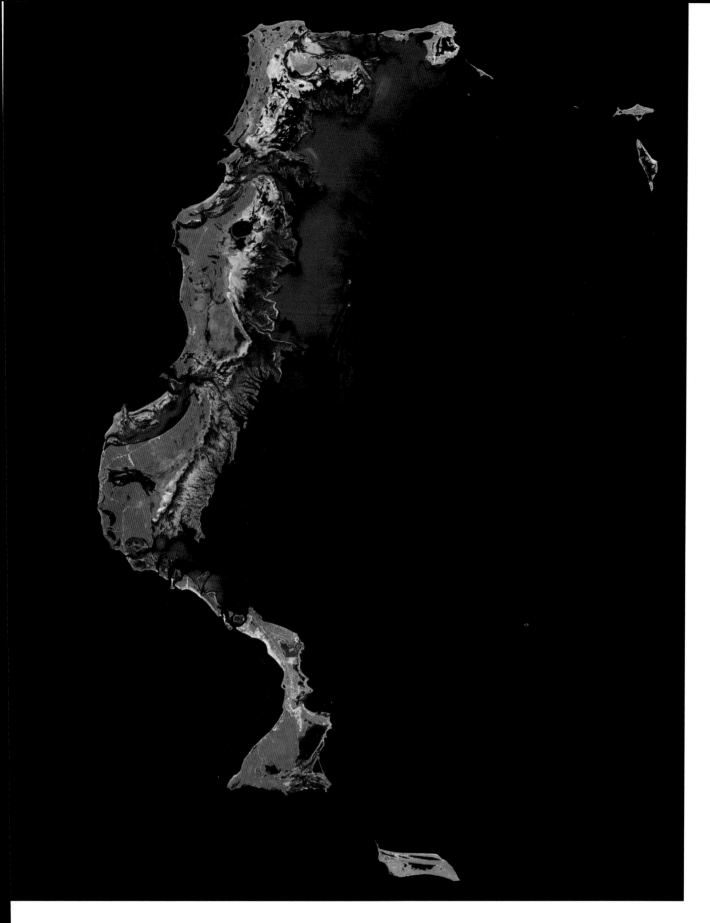

加勒比海：土克斯和開科斯群島

從巴哈馬向東南方延伸出去的零散島嶼中，土克斯和開科斯群島位於最東端（圖左為北）。土克斯和開科斯群島為英國屬地，係由四十個島嶼和岩礁組成，全部都是遍布沙土和珊瑚礁的低窪小島，其中只有八座島上的人口接近兩萬人，最高點也只有49公尺。大範圍的濕地和紅樹林沼澤地沿群島北岸開展，即畫面中的紅色部分。

衛星影像由美國太空影像公司提

牙買加：京斯敦

京斯敦是牙買加的首都及第一大城，也是行政、金融中心。這個加勒
比海地區數一數二的大城市，總人口65萬人，受惠於長形半島的屏
障，擁有本區最優良且舉足輕重的港口。此圖涵蓋範圍南北長約4公
里，畫面下半部為市中心的濱水區，右上方的大橢圓形則是國家英雄
紀念公園。

252

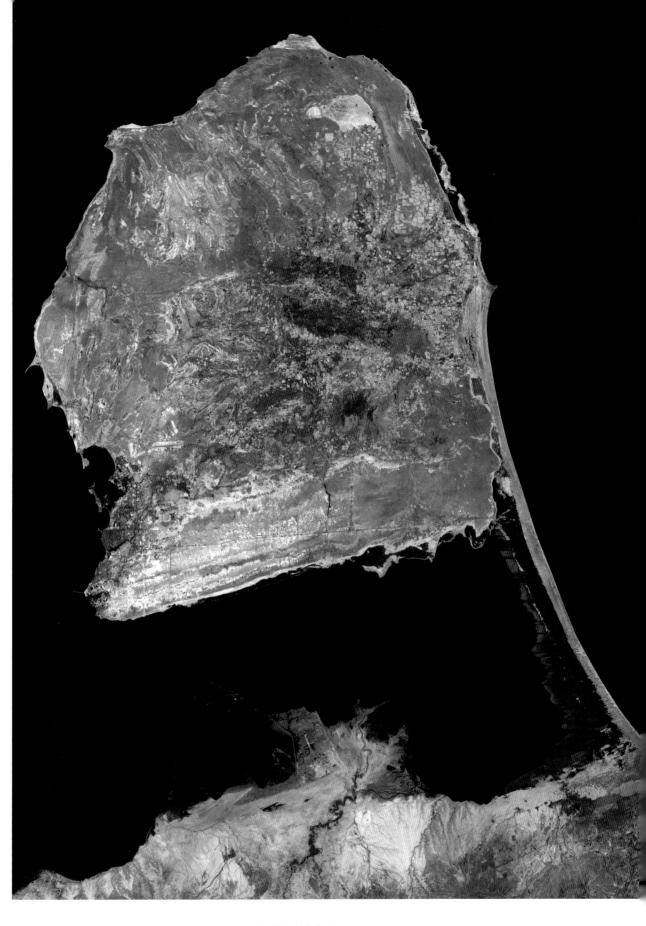

委內瑞拉：帕拉瓜納半島

狹長的美達諾斯地峽連接帕拉瓜納半島和委內瑞拉本土，地質上相當
年輕，約一萬年前才形成，在那之前帕拉瓜納不過是委內瑞拉沿海的
眾多島嶼之一。半島南邊沿岸有許多煉油廠，沙灘則成為熱門的遊憩
景點，畫面中清楚可見半島南方的淤積淺灘。

253

南美洲

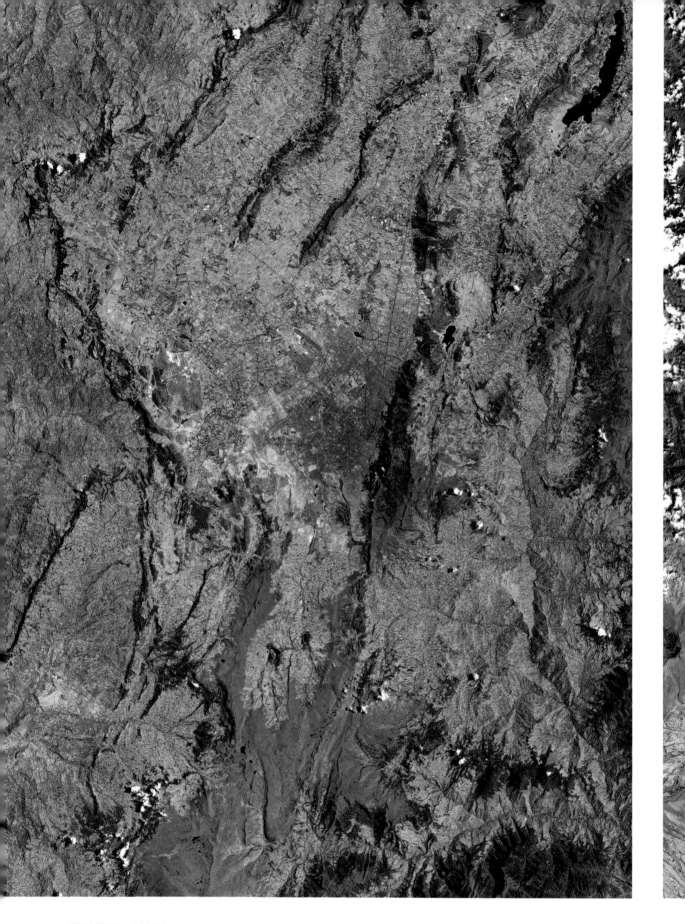

哥倫比亞：波哥大

哥倫比亞首都波哥大因爲擁有許多文化與科學機構，十九世紀時德國博物學家洪保德譽稱爲「美洲的雅典」。此圖涵蓋範圍南北長約100公里，中間的深藍色區塊即爲波哥大，高踞在介於中央山脈和東部山脈之間的安地斯山脈北段，平均海拔2,610公尺，總人口數超過600萬人。畫面右邊可以看到東部山脈。

厄瓜多：基多

基多為厄瓜多首都，和波哥大一樣都位於安地斯山北段，即畫面中間
偏左上方、南北走向的淡藍色區域。此區有許多火山，上圖中就可找
到十幾座，其中最高的三座火山一眼就可找到，覆雪的峰頂都呈現藍
綠色，由北到南依次是高5,790公尺的卡揚比火山、高5,704公尺的安
地薩納火山以及高5,896公尺的科托帕希火山。科托帕希火山同時也
是全世界第二高的活火山。

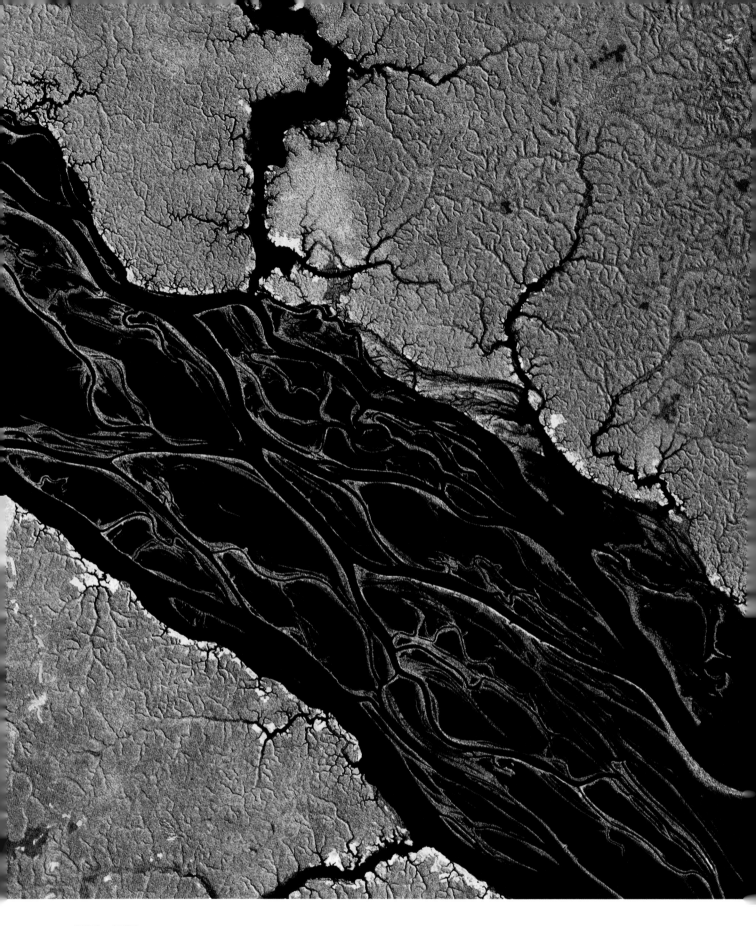

巴西：黑河

黑河在畫面中成了名副其實的黑色，以富含單寧酸而得名。河裡奇特
的橘紅色帶都是分流堤，每年十一月到四月滿水期，許多分流堤就會
被水淹沒不見。畫面左下方是南美洲最大的熱帶雨林保護區札烏國家
公園，面積達22,650平方公里，這裡只顯示一小部分。

從衛星看地球

巴西：瑪瑙斯

瑪瑙斯是巴西亞馬遜州的首府，坐落在黑河和亞馬遜河的交匯處，即畫面中央偏右的淡藍灰色區域。畫面上方的黑水就是黑河，是亞馬遜河最大的一條支流，從哥倫比亞橫越2,300公里後注入亞馬遜河。亞馬遜河則呈綠色，貫穿畫面底部，由於河水富含沉積物，衛星偵測時可以更有效反射輻射能，因此顏色看起來較黑河淡。

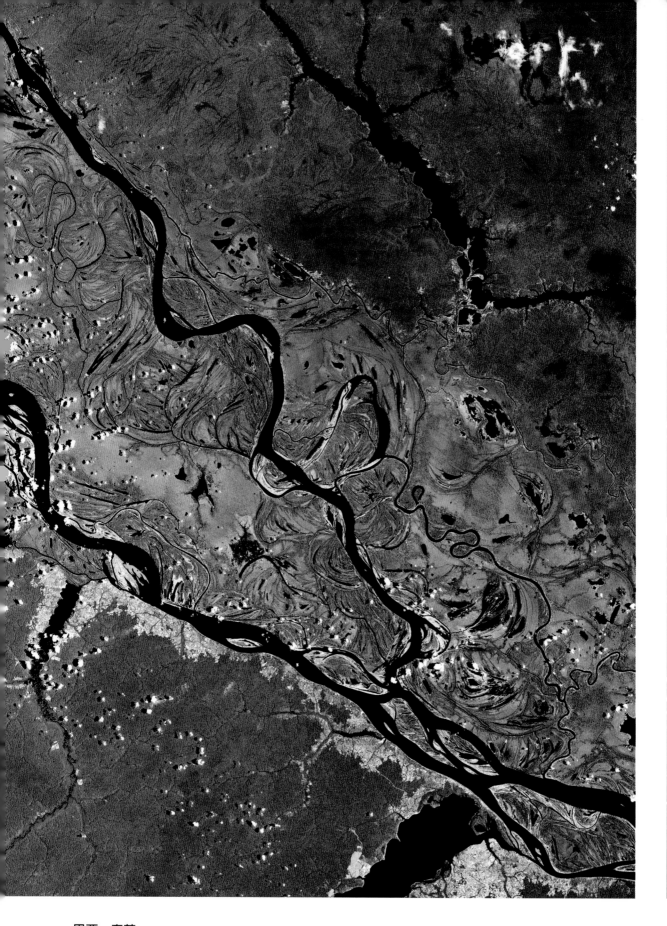

巴西：泰菲

泰菲是馬西夫省的首府，位於巴西的亞馬遜地區，即畫面右下角的淡
藍色區域。兩條斜向流經畫面的黑色河流中，下面那條就是亞馬遜
河，上面爲其支流札普拉河，再往北則是阿曼那湖。這裡的亞馬遜平
原擁有雨林、灌木叢、沼澤和湖泊等多種地形，宛如一座錯綜複雜的
大型迷宮，洪水氾濫幾乎每年上演。

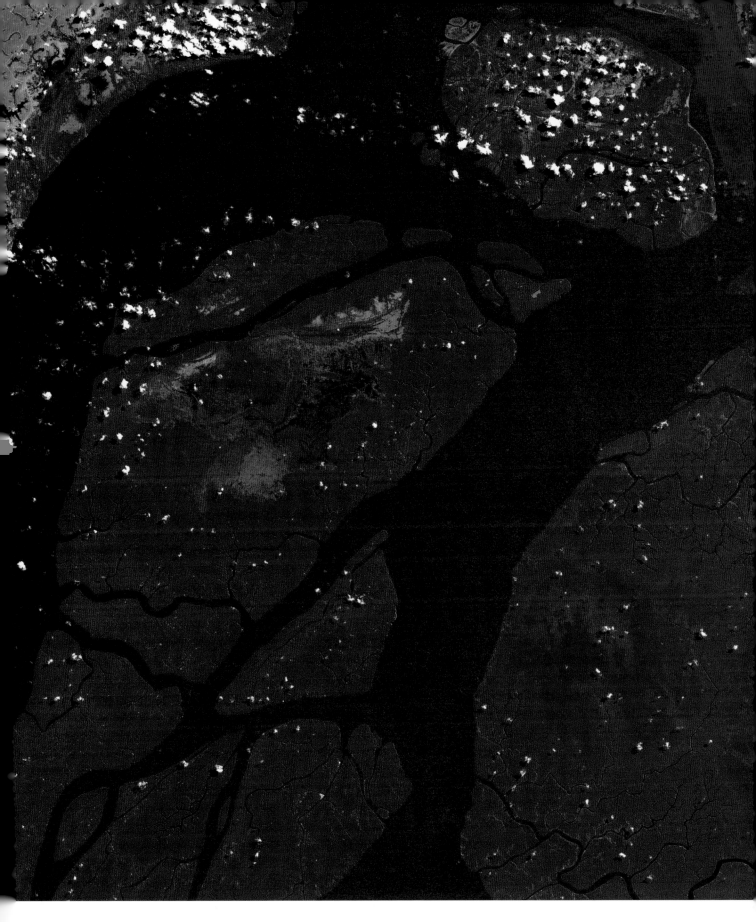

巴西：亞馬遜河口

十七世紀有位深入亞馬遜河的冒險家曾記載：「這條河何等壯闊，步步為營的守護著自己的尊貴地位，彷彿睥睨天下的國王。」圖中所示是亞馬遜河的寬闊河口，還包括南美洲第二大島馬拉若島，畫面右方可以見到該島的一部分。所有紅色區域都是雨林，左上方的綠色斑點則是稀樹大草原，馬卡帕城即坐落於此。

259

巴西：隆杜維亞的雨林濫伐（1984年）

上圖與右頁圖所拍攝的區域完全相同，都是亞馬遜雨林南緣附近的隆
杜維亞，鄰近巴西和玻利維亞邊界，涵蓋範圍南北長約100公里。兩
圖對照，就能看出亞馬遜盆地令人憂心的雨林濫伐現象：紅色部分為
雨林，淡藍色部分則是砍伐後的空地。上圖攝於1984年5月，右頁圖
則攝於2001年9月。

260

巴西：隆杜維亞的雨林濫伐（2001年）

砍伐森林通常始於開路，在雨林中先開闢主要道路再延伸出次要道路，形成畫面中所見的特有「魚骨狀」或「羽毛狀」圖案。左頁圖中只出現一點雨林濫伐的端倪，到了這張圖時已是滿目瘡痍了。巴西擁有360萬平方公里的熱帶雨林，占全世界的30％，目前破壞速度雖已趨緩，每年卻仍有15,000平方公里的雨林消失不見。

261

祕魯：利瑪

祕魯首都利瑪坐落在安地斯山山腳下，位於畫面中央偏左下方，與波
哥大和墨西哥城在西班牙帝國航海殖民時期並列為新世界三大城，到
了十七、十八世紀仍是祕魯總督轄區首府，是當時南美洲最重要的富
庶之都。目前這個穩健發展的都市，大都會區的總人口數已突破800
萬；與近海小島相望的是卡亞俄港。

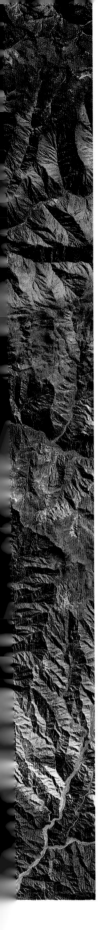
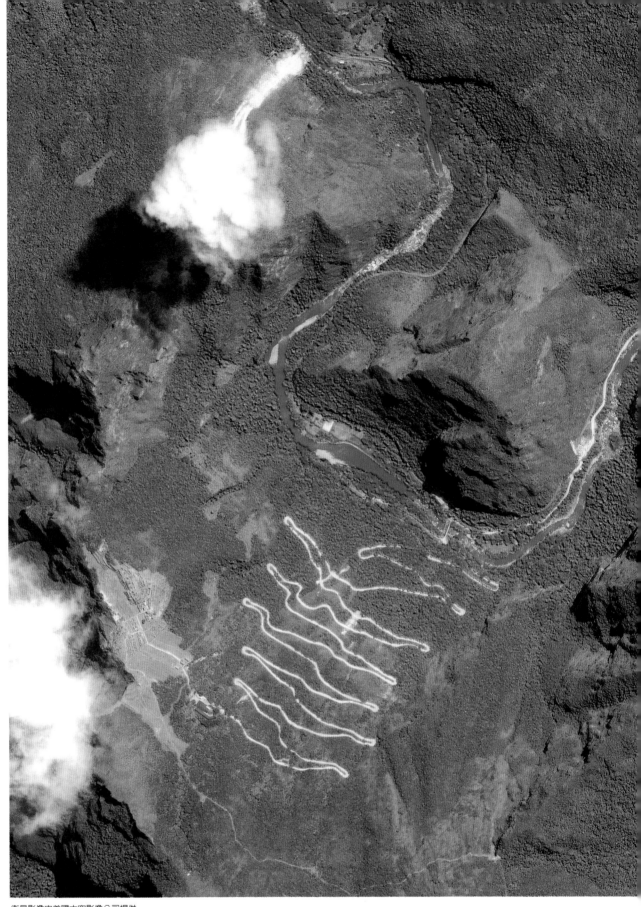

衛星影像由美國太空影像公司提供

祕魯：馬丘比丘城

雖然距古都庫斯科僅80公里，印加帝國宏偉的堡壘馬丘比丘卻從未被
西班牙遠征軍及隨後的殖民者發現，直到1911年才重新面世，是美洲
大陸上目前保存最完整的前哥倫布時期城市範本。古城遺址廣達13平
方公里，以3,000個石階連接由厚重石塊乾砌而成的建築物。馬丘比
丘城隱然安臥在這張衛星照片中心偏右的雄偉山峰下，繞完下方令人
暈頭轉向的蜿蜒山路後才能抵達。

祕魯與玻利維亞：的的喀喀湖

的的喀喀湖的規模如果以世界標準來看根本不值得一提，但湖區面積
8,300平方公里在南美洲卻是最大的湖泊，也是全世界有航運之利的
最高湖，海拔近4,000公尺。此圖涵蓋範圍南北長約50公里，畫面上
方的半島尖端是玻利維亞屬地，以南則全屬祕魯。畫面下半部近似圓
形、侵蝕嚴重的山地是一座古代火山。

玻利維亞：科伊帕薩湖

科伊帕薩湖位於玻利維亞西南部，接近智利邊界，是海拔3,680公尺的鹽湖地形，在玻利維亞高原的乾燥氣候下，蒸發作用相當旺盛。湖北端的大塊藍色區域為鹽沼，從北方注入的小河則是經常枯竭的勞卡河。圖中也可看到數座火山。

阿根廷、智利與玻利維亞：利坎卡伯

利坎卡伯堪稱是地球上最險惡的地區之一，火山遍布又位於乾燥不毛的高海拔區。有人認為數十億年前的火星地表就跟這裡差不多，因為當時火星上擁有類似地球的結冰河湖。此圖涵蓋範圍南北長約140公里，湖泊周圍的淺藍色部分是湖區縮小的證據；許久以前就已乾涸的河道，則勾勒出橫越岩質地景的淡色溝渠，種種跡象都顯示整個地區越來越乾燥。

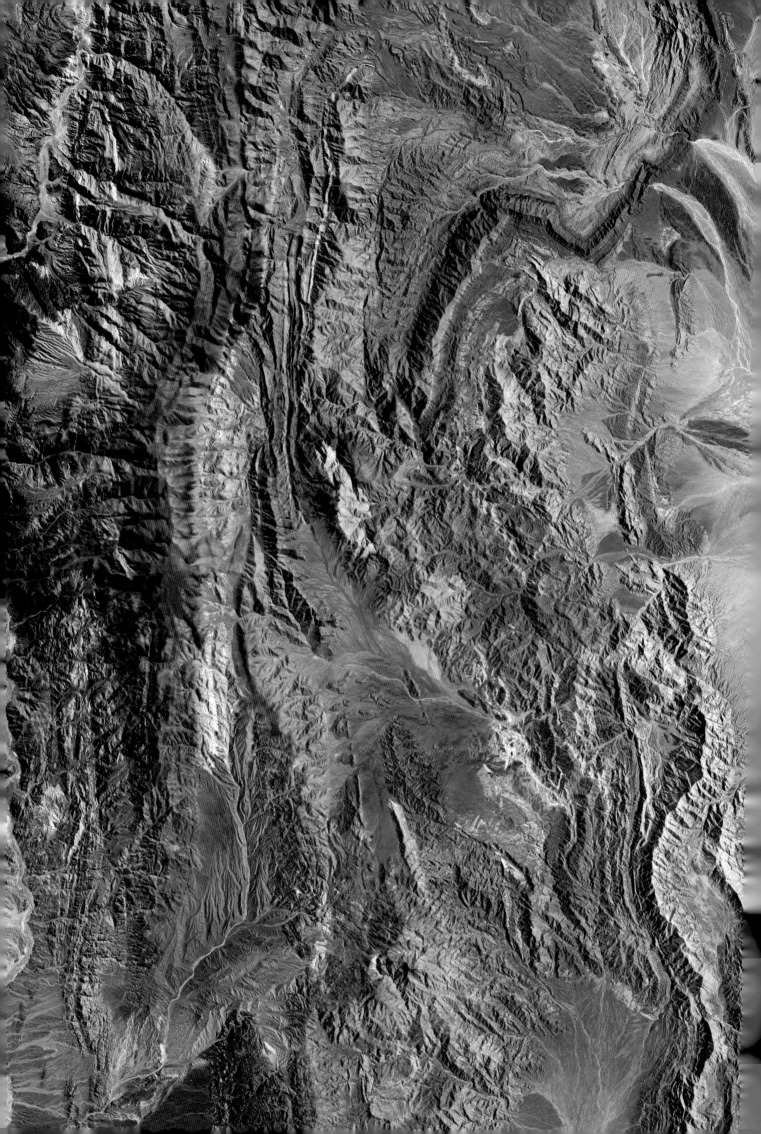

阿根廷：豐谷山

豐谷山跨越左邊的聖胡安省
和右邊的利奧哈省，沿阿根
廷西部邊界伸展近半，西面
則緊鄰安地斯山脈。畫面中
央略微斜向東南的模糊線條
是貝爾梅霍河，上方亮綠色
區域是農業區關達科墾殖
地，畫面最左端也看得到布
蘭科河。

玻利維亞：雨林濫伐

這幅令人詫異的畫面上滿布著紅色綠色的細長格子，具體反映出玻利維亞西部雨林遭到濫墾濫伐的嚴重程度。在這裡，大片原生樹林被徹底清除做為農牧地使用。此圖涵蓋範圍南北長約45公里，暗紅色部分才是原始林，淺紅色區域是植被，綠色部分則是農田和墾殖地。

阿根廷：震波勘測線

畫面中的奇妙線條攝於阿根廷北部的平坦草原，靠近巴拉圭邊界，是勘測震波時所產生。震波勘測多用於石油與天然氣探勘，藉由震動地面或引燃爆炸時聲波反射至接收器的不同速度，來判定地表下的岩石結構是否可能為圈閉石油或天然氣的褶曲區，繪製格線則是為了確保最佳勘測範圍。

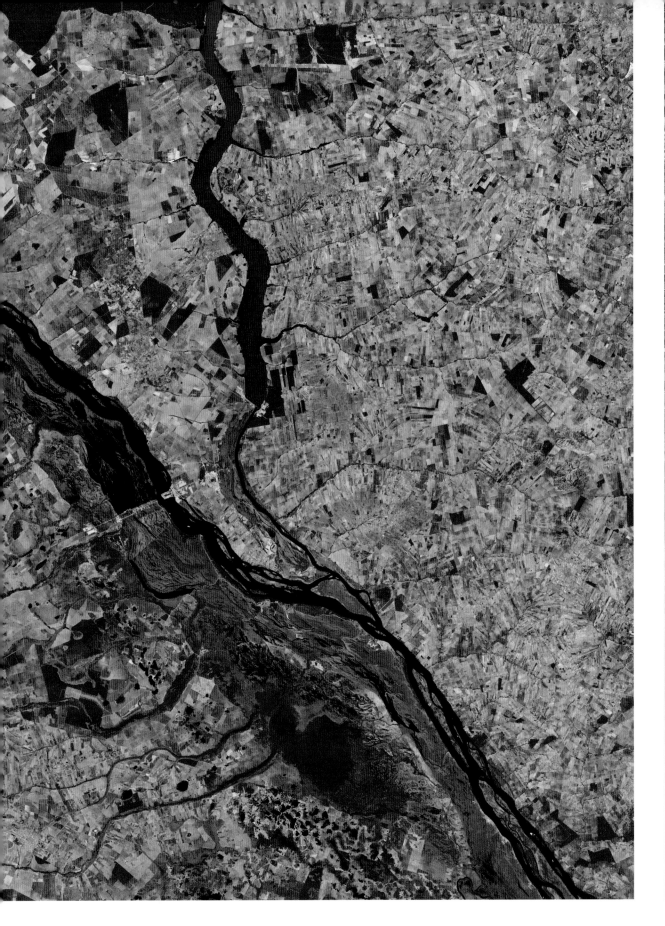

巴西：巴拉那河和巴拉那帕內馬河

畫面左方是北邊。左邊那條河流是巴西的巴拉那河，頂端則是巴拉那帕內馬河，兩河交匯前的淡藍色塊為橫跨巴拉那河的巨型水壩。這座水壩從1970年代開始興建即飽受爭議，進度嚴重落後又預算超支，除了對環境的重大破壞之外，預估完工後的發電成本將會是巴西境內最昂貴的。

巴西、阿根廷與巴拉圭：伊瓜蘇瀑布

畫面底部東西向蜿蜒而流的豔藍色線條是伊瓜蘇河，此河是北側巴西
和南側阿根廷的邊界，伊瓜蘇瀑布就在這條河上。從河道變窄處開
始，5公里的距離內共有275座瀑布，有些傾洩數百公尺，有些則分
層跌落，最後注入阿根廷境內向南流的巴拉那河。畫面北邊的深藍色
水體是水庫，係於巴拉那河上築壩所形成。

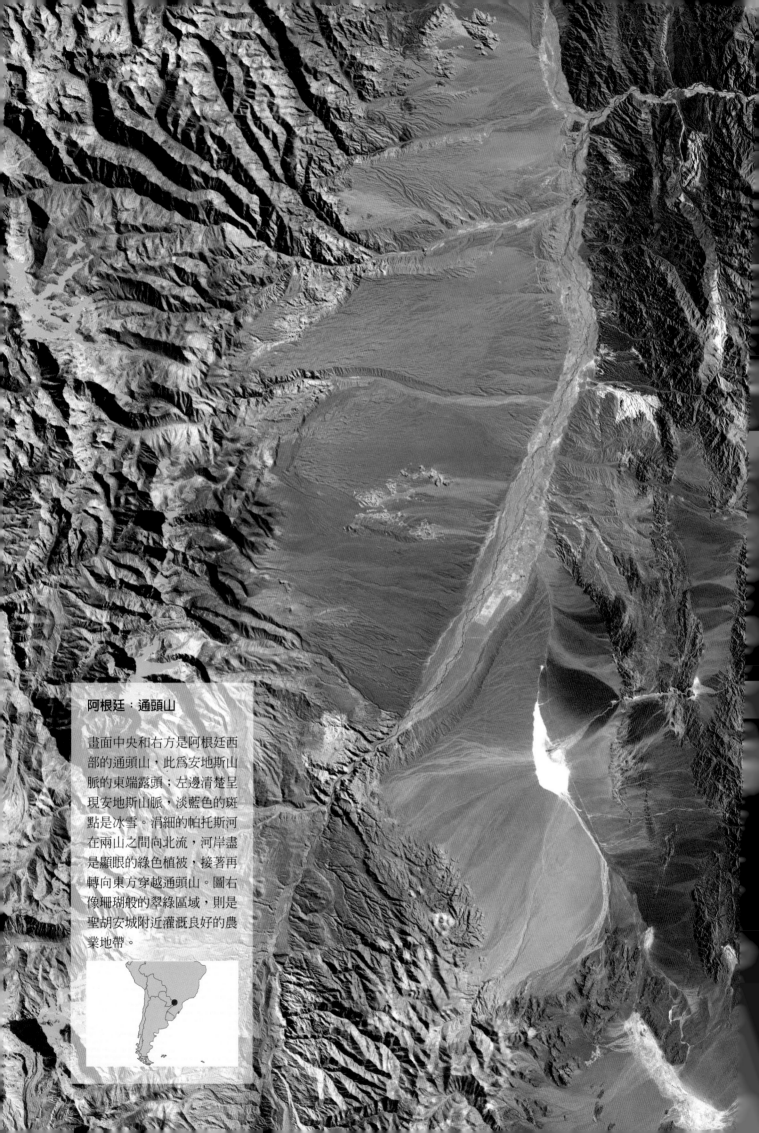

阿根廷：通頭山

畫面中央和右方是阿根廷西部的通頭山，此爲安地斯山脈的東端露頭；左邊清楚呈現安地斯山脈，淡藍色的斑點是冰雪。涓細的帕托斯河在兩山之間向北流，河岸盡是顯眼的綠色植被，接著再轉向東方穿越通頭山。圖右像珊瑚般的翠綠區域，則是聖胡安城附近灌漑良好的農業地帶。

智利：聖地牙哥

聖地牙哥是智利首都及第一大城，也是政經與商業重鎮，總人口數超過540萬。畫面中央不規則狀的藍灰色區域就是聖地牙哥，坐落在寬廣又肥沃的谷地上，平均海拔520公尺，東邊有覆雪的安地斯山脈屏障。此圖涵蓋範圍南北長約100公里，隱約可見貫穿聖地牙哥市的馬波喬河。

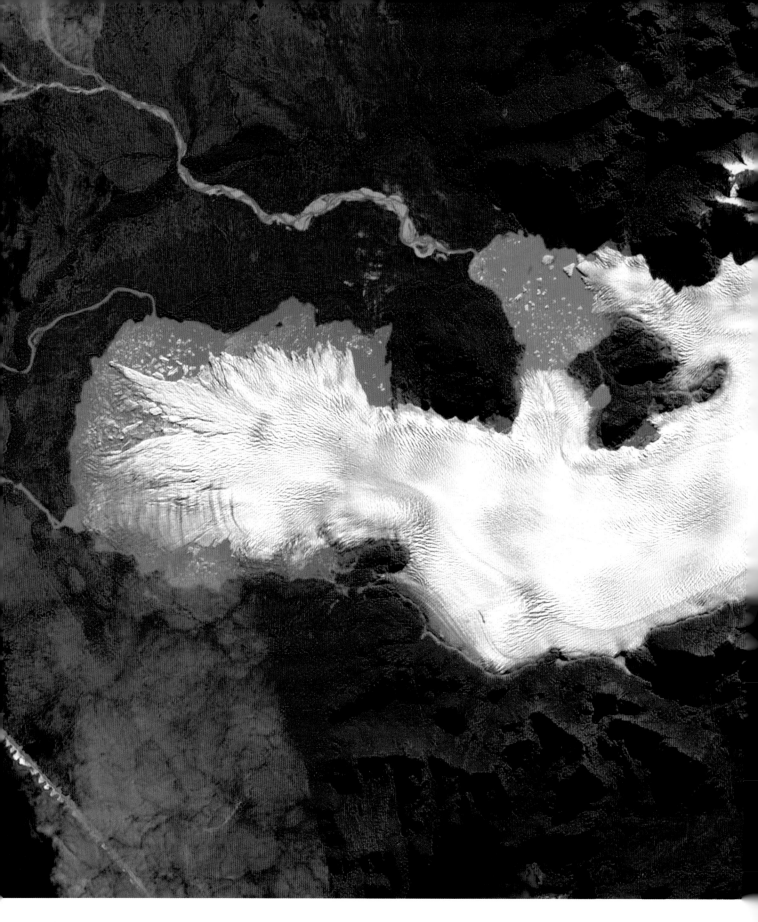

智利：巴塔哥尼亞高原

風、雨及刺骨的嚴寒組成了巴塔哥尼亞，這個高原是地球上最荒涼的
地區之一，位於南美洲的偏遠南端。畫面中冰河所涵蓋的範圍南北長
約20公里，就像全世界的冰河一樣，都因全球暖化而持續萎縮。冰河
周圍及南端的奶綠色區域是富含沉積物的水池，畫面右邊則是冰河萎
縮前刻蝕過的一連串平行山谷。

智利：威靈頓島

智利的破碎海岸在靠近南美洲最南端的合恩角時，散裂成數以千計冰雪覆蓋的荒島。上圖是智利第二大島威靈頓島的一部分，涵蓋範圍南北長約250公里。狂風和海浪的侵蝕，加上南美洲和西邊太平洋板塊之間傾斜碰撞而產生的斷層網絡，因而形成許多峽灣般的海峽。

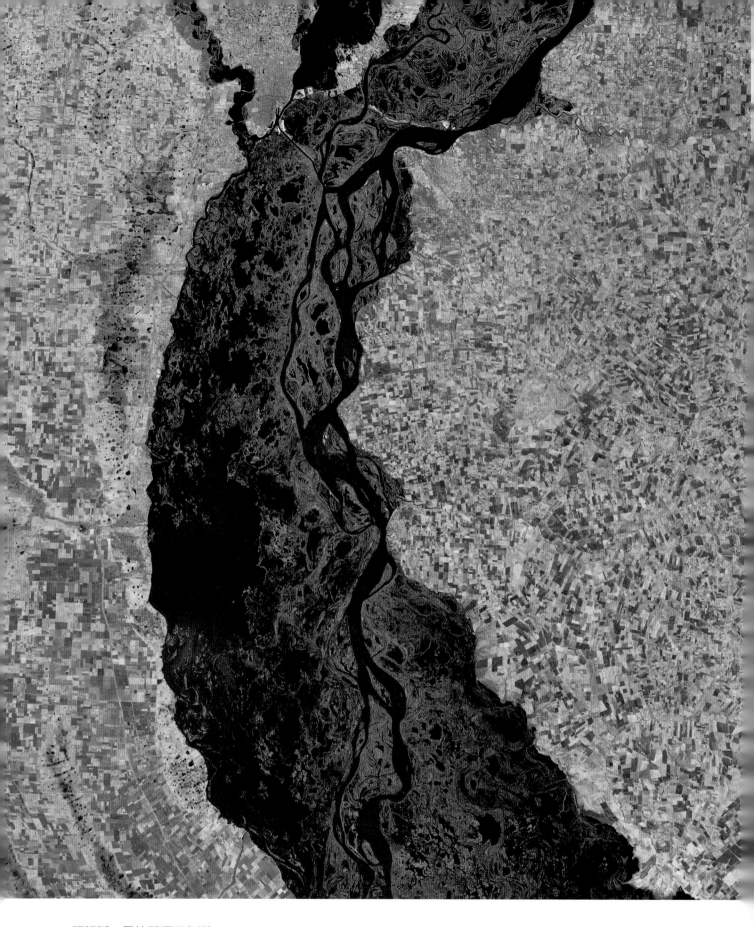

阿根廷：巴拉那河三角洲

　　巴拉那河是發源於巴西的大河，向南流入阿根廷後於首都布宜諾斯艾利斯北方約32公里處注入大西洋。三角洲爲林木茂密的大型沼澤地，首都四周的肥沃平原上有狹長水道，加上草木叢生的大小島嶼，錯綜複雜的程度宛如一座巨型迷宮。儘管巴拉那河三角洲占地遼闊、島嶼眾多，但在這張涵蓋範圍南北長約120公里的照片中都能一覽無遺。

阿根廷：布宜諾斯艾利斯

畫面中間偏下方的大片藍灰色區域就是布宜諾斯艾利斯，這個城市坐落在巴拉那河寬闊灣口的拉布拉他河南岸（畫面左上方即巴拉那河三角洲）。就像南美洲大多數的主要城市一樣，布宜諾斯艾利斯也是十六世紀由西班牙殖民者所闢建，1816年阿根廷宣布脫離西班牙獨立後即建都於此，如今已成為總人口1,240萬人的大都會。

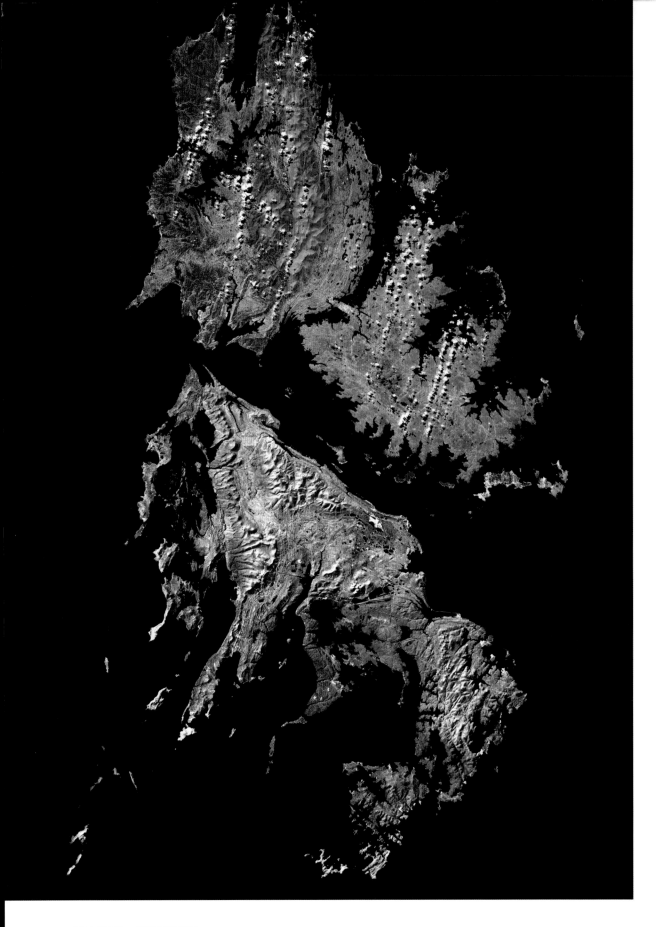

南大西洋：福克蘭群島

位於偏遠南大西洋的英屬福克蘭群島是狂風不斷的潮濕荒地，由福克
蘭海峽分隔成兩個主要島群：西福克蘭群島絕大部分都杳無人跡，同
樣的，僅以狹長地峽和東福克蘭群島南端相連的拉豐尼亞半島也是與
世隔絕的潮濕荒地。兩萬名居民大多集中在東北方的首府史坦利港附
近。圖左為北邊，史坦利港就位於左上方。

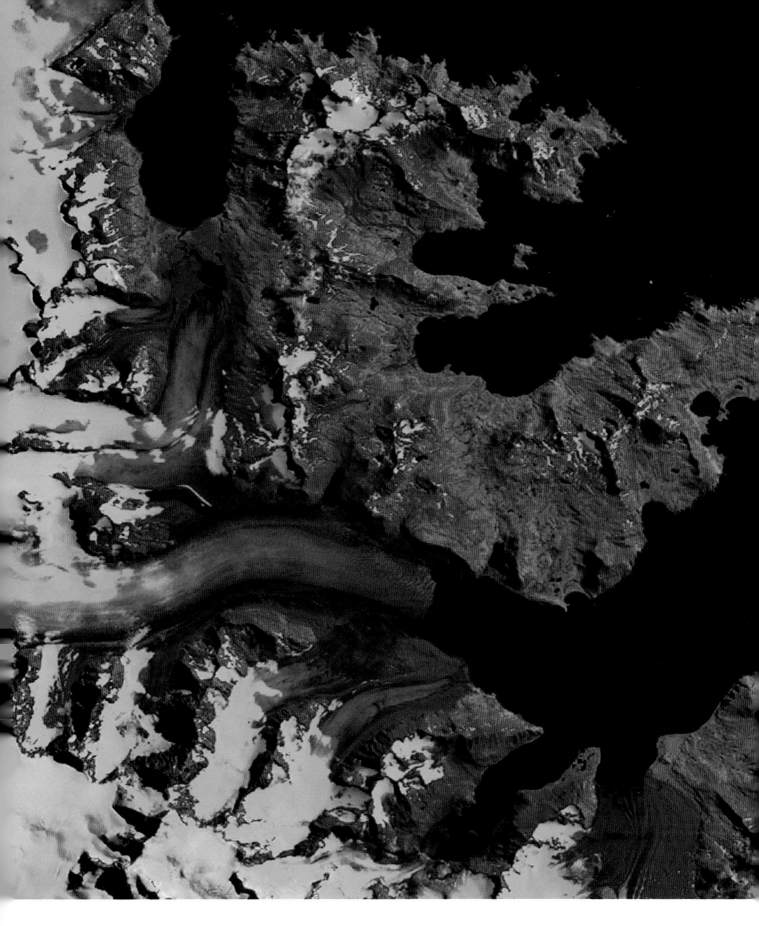

南喬治島

南喬治島位於偏遠的南大西洋，島上岩石與冰層遍布，是地球上最偏遠的荒地之一。此圖涵蓋範圍南北長約22公里，畫面上是北岸的許多冰河之一。藍白區域是冰雪，紅色部分為高山凍原，海岸綠緣是稀疏的植被，上方的U形峽灣則由冰河鑿刻而成。

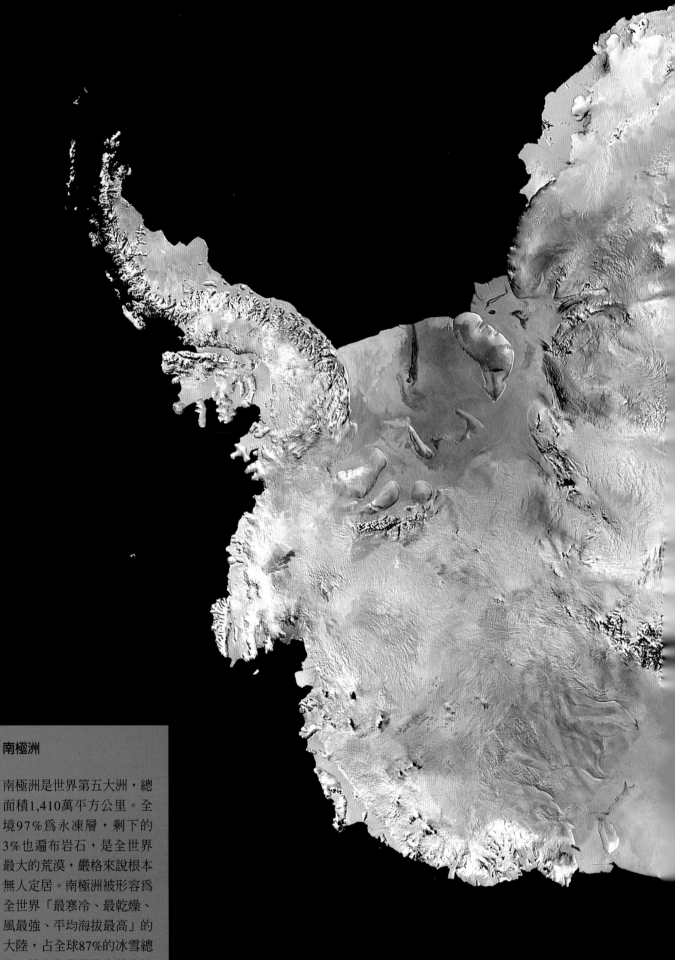

南極洲

南極洲是世界第五大洲,總
面積1,410萬平方公里。全
境97%為永凍層,剩下的
3%也遍布岩石,是全世界
最大的荒漠,嚴格來說根本
無人定居。南極洲被形容為
全世界「最寒冷、最乾燥、
風最強、平均海拔最高」的
大陸,占全球87%的冰雪總
量,擁有全世界最大的七條
冰河。最低溫紀錄也出現在
此,為攝氏零下89.4度。

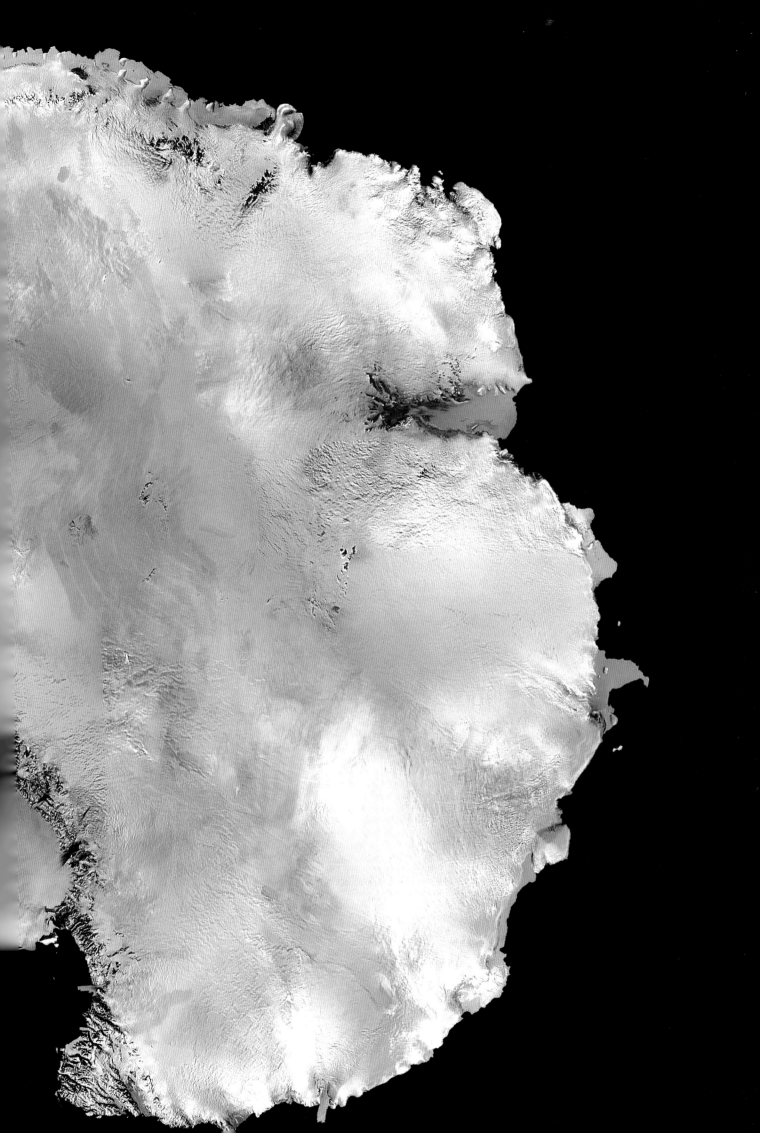

288